同文书库丛书：

总　　编：中共厦门市委宣传部
　　　　　厦门市社会科学界联合会
执行编辑：厦门市社会科学院

编委会：

主　　任：叶重耕
副 主 任：何瑞福
委　　员：戴志望　温金辉　傅如荣　陈向光
　　　　　彭心安　陈怀群　庄志辉　李建发
　　　　　曾　路　洪文建　赵振祥　徐祥清
　　　　　魏志坚　陈振明　朱　菁　李　桢

编辑部：

主　　编：何瑞福
副 主 编：陈怀群　庄志辉　王彦龙　李　桢
编　　辑：李文泰

同文书库

中共厦门市委宣传部
厦门市社会科学界联合会 编

口述历史：
厦门老街岁月

（第三辑）

厦门大学出版社 国家一级出版社
XIAMEN UNIVERSITY PRESS 全国百佳图书出版单位

图书在版编目(CIP)数据

口述历史:厦门老街岁月.第三辑/中共厦门市委宣传部,厦门市社会科学界联合会编.—厦门:厦门大学出版社,2018.8
ISBN 978-7-5615-7045-6

Ⅰ.①口… Ⅱ.①中…②厦… Ⅲ.①城市道路-介绍-厦门 Ⅳ.①K925.73

中国版本图书馆 CIP 数据核字(2018)第 167516 号

本辑口述史相关视频请浏览厦门社会科学网站口述历史专栏。
网址为 http://www.xmsk.cn/。

出版人	郑文礼
责任编辑	章木良
封面设计	蒋卓群
技术编辑	朱 楷

出版发行 厦门大学出版社
社　　址 厦门市软件园二期望海路 39 号
邮政编码 361008
总编办　 0592-2182177　0592-2181406(传真)
营销中心 0592-2184458　0592-2181365
网　　址 http://www.xmupress.com
邮　　箱 xmup@xmupress.com
印　　刷 厦门集大印刷厂

开本　720 mm×1 000 mm　1/16
印张　14
插页　2
字数　203 千字
版次　2018 年 8 月第 1 版
印次　2018 年 8 月第 1 次印刷
定价　54.00 元

本书如有印装质量问题请直接寄承印厂调换

厦门大学出版社
微信二维码

厦门大学出版社
微博二维码

总　序

　　文化是民族的血脉和灵魂。传承和弘扬中华优秀传统文化,对于践行社会主义核心价值观,实现中华民族伟大复兴的中国梦,具有十分重要的意义。在大时代进程中,我们不仅要"看得见山,望得见水",更要"记得住乡愁",正是这深沉、浓郁的文化乡愁,开启了我们的精神文化之源。

　　厦门融会了多元文化的精神特质,兼具内陆文化与海洋文化之长处,整合了闽南文化与中原文化之精髓,反映了中国文化与西方文化之激荡。认真梳理厦门历史文化脉络,既是厦门城市发展的内在精神需求,又是厦门地方历史文化研究的时代重任。此次,同文书院推出"同文书库"系列丛书,对弘扬厦门地方历史文化、传承学术人文精神、促进两岸文化交流,必将发挥积极的推动作用。我想,重视厦门地方历史文化的研究和传承,有两个维度十分重要,即中华文明史进程的维度和全球文明史进程的维度,非如此不能激发出厦门文化的更大活力和影响。希望这套"同文书库"丛书的出版发行,能为传承和弘扬地方优秀传统文化,为把厦门建成美丽中国典范城市提供重要的精神动力、智力支持与文化条件。

叶重耕
中共厦门市委常委、宣传部长、市社科联主席

目 录

总工会旧址的前世今生	口述人	薛加宾
		马兴达
	采访人	吴奕纯 / 001

义兰饼家——老字号的浴火重生	口述人	洪永钟
		王海敏
	采访人	廖　华 / 018

厦门市释仔街99号"王厝"的历史风云	口述人	王欣欣
		陈伟雄
	采访人	朱志凌 / 036

一甲子的变迁

——中山路西段老住户的回忆	口述人	蔡美钦	何惠珍
		林庆添	欧阳周
	采访人	陈秀芹	王毅君 / 056

我在中山路的半个世纪

| ——中山路1号老住户的回忆 | 口述人 | 蔡美钦 | 何惠珍 |
| | 采访人 | 陈秀芹 | 王毅君 / 078 |

邵循岱：一个鼓浪屿文人的坚守	口述人	何丙仲
	采访人	李文泰 / 105
杨家七代人的木偶情缘	口述人	杨亚州
		杨斯颖
	采访人	王全成 / 118
我们经历过的厦门侨批业	口述人	骆佳伦
		林清溪
		郑健辉
	采访人	王全成 / 142
"厦大土著"记忆中的厦大	口述人	郑启五
	采访人	郭　凯 / 154
我是老三届	口述人	陈元麟
	采访人	郭　凯 / 183
古庙里的公益图书馆	口述人	杨羽翔
	采访人	朱志凌 / 200

总工会旧址的前世今生

口述人：薛加宾、马兴达
采访人：吴奕纯
采访时间：2017年9—10月
采访地点：大同路土堆巷68号总工会旧址

【口述人简介】

薛加宾，男，1936年出生，1974年调到厦门总工会工作，曾任总工会宣教部部长，1996年从总工会退休后，在总工会旧址工作了10余年，参与编写《厦门工运50年》和《厦门工人运动大事记1840—1998》。

马兴达，男，1957年出生，厦门总工会原政策研究室主任、副巡视员，2017年退休。

【内容简介】

厦门总工会旧址位于思明区大同路土堆巷68号，系大革命时期厦门总工会的机关所在地。1927年1月24日，共产党员罗扬才、杨世宁等人在此成立厦门总工会。大会选举罗扬才、杨世宁为总工会正、副委员长，通过了工会章程，组建了工人纠察队。总工会成立不久，会员由5000多人发展到20000多人，基层工会由10多个工人党支部增加到30多个，并成功地领导了提高工人劳动待遇的"二五加薪"斗争。同年4月9日凌晨，国民党右派发动反革命政变，罗扬才、杨世宁被逮捕。6月2日，罗、杨二人被秘密杀害于福州。其他工运领导人，有的被逮捕，有的被驱逐，有的被通缉，工会组织遭受了严重破坏。从此，厦门的工人运动被迫转入地下活动。旧址现已辟为厦门总工会旧址纪念馆。

旧址坐北朝南，建于20世纪20年代初，系主体二层、局部三层的西式红砖砖木结构建筑，占地面积206.72平方米，面宽13.6米，进深15.2米。1999年重修时本着"修旧如旧"的原则，保持外观不变，仅把4根承重木立柱和楼面改为混凝土结构。

1961年，思明区大同路土堆巷68号厦门总工会旧址被福建省人民委员会公布为第一批省级文物保护单位。

总工会旧址的前世

薛加宾：我是1974年年底到厦门总工会工作的，当时总工会不在大同路土堆巷旧址，而是设在海后路。"文化大革命"时期总工会和基层工会被"砸烂"，直到1973年才恢复工会组织的活动。1974年，市总工会收回厦门市工人文化宫。当年，我参与了市总工会主办的厦门工人"七二一"大学的创办，之后，"七二一"大学改为工人业余大学。1979年，厦门工人业余大学复办并正式开学。那个时候，工人业余大学办得红红火火，开设了机械、电子、中文、英语、科技日语等专业，部分老师由厦大老师兼职，成为年轻人学习文化、学习科技的大学校，人数最多时有5个班200多人。

1996年，我从厦门总工会退休后，来到土堆巷总工会旧址的这座小红楼。在老宣教部部长王炳信的领导下，我和钱启源两位老同志一起，负责为这个展馆收集历史资料和相关图片，撰写《厦门工人运动史》，参加筹建总工会旧址展览馆。

从接到收集整理厦门工运史的任务后，我们几乎天天跑档案馆、图书馆、厦门日报社资料室，从历年的旧报纸、泛黄的档案资料中查找最原始的新闻报道，寻找当年与厦门工运有关的资料和线索，然后仔细地抄回来进行系统归类与整理。当时没有复印机，也没有手机翻拍，全部用手抄录。所以不少资料，我还是记得较清楚的。

我们在总工会旧址工作了10余年,从收集的资料图片和对一些当事人的采访中,了解了总工会成立的一些情况和背景资料;经历了展览馆筹建的每个过程,感受到土堆巷总工会旧址收回的艰难,能有今天的规模确实不易。

记得那是1984年,时任市总工会主席黄国彬带领几位工会同志走进大同路土堆巷总工会旧址。我第一次走进这里,第一印象是房子实在太破旧。旧址的外墙是由一块一块红砖(闽南话称红砖仔)砌起来的,红砖已经斑驳褪色了,但附近的居民都叫它"小红楼"。

红楼的正门地势低,红楼里的地面上四处积水,根本无法落脚,我们是踩着垫在地面上的一块一块砖头才进入楼里的。一楼是厦门圆珠笔厂的厨房和仓库,大门关闭进不去。狭小的过道上住了一户人家,只有祖孙俩,奶奶在过道上搭了一张小床,孙子则睡在临时搭建的一个小阁楼里。

二楼、三楼可以进入,楼梯是木制的。由于年久失修,楼板松动,走起来嘎吱嘎吱响,很不安全。红楼是砖混式结构,楼里面中间位置由4根木柱支撑着楼板。地板上铺的是闽南古厝常见的红砖,但都已破碎不堪了。掀开破损的红砖,是一条条木板,也多已腐烂了。透过裂开的木板缝隙,底下一楼一览无余。若楼上不小心把水洒到地上,楼下就会渗水甚至滴水;楼上扫地时,灰尘也会从缝隙掉落到楼下。

二楼的地上也铺了一块很长的"跳板"(木板),我们小心翼翼地踩在"跳板"上才走了进去。二楼住了6户人家,因为居住的人太多,所以楼道的走廊堆满了杂物、煤炭炉、煤油炉、洗衣槽、脸盆、水桶,以及晒衣架等日用品,还加上许多搭建和围栏,显得杂乱无章、拥挤不堪。

三楼有个小阳台和古建筑屋顶,实际面积只有二楼的一半,但也住了4户人家。虽说这栋楼有3层,但是扣掉楼梯、过道和诸多隔墙,总的使用面积并不大,却住了11户四五十口人。

1986年,原圆珠笔厂的厨房和仓库从红楼的一楼搬走后,市总工会为纪念厦门总工会成立60周年,便将一楼开辟为大革命时期的厦门

工人运动陈列室。由于当时条件所限，无法对红楼进行彻底的装修改造，便引出一段小故事。

市总工会有一位莆田籍的小青年结婚不久，因房东要把房子转租他人，小青年只好找我借用展厅的小办公室暂住。但没住几天，脚趾头便被老鼠咬伤。老鼠、蚊虫困扰暂且不说，更有甚者，有一次半夜醒来，竟然看到一条蛇在屋里游走，吐出蛇信欲向他们扑来。两位年轻人吓得不轻，紧紧缩在床上不敢动弹，次日便搬出了红楼。据当时总工会同志分析，蛇可能是从红楼的右边朝东方向的大同酒家"溜出来"的。大同酒家与红楼仅一墙之隔，在20世纪20年代曾经是大同戏院，改革开放以后，改成大同酒家。大同酒家箱养的蛇没关好，而红楼的一楼较为潮湿阴暗，蛇便溜进来了。

从我们了解到的资料看，这栋红楼是华侨的房子，业主曾委托他的亲戚代理。该楼始建于20世纪初，算起来已有百年的历史了。我曾听一位管理红楼的老同志陈八元说过，20世纪80年代初，曾经有一位从南洋来的华侨走进红楼，告诉他自己是这座红楼的后人，回来厦门看看祖辈留下的老房子。当时住户很多，房子拥挤嘈杂，他看完后也没说什么就走了。估计业主的后人现都居住在海外，已无暇顾及这栋红楼了。也有一种可能，就是业主的后辈"帮头多"（"兄弟姐妹多，族房多"的意思），无法分房，所以也就算了。

马兴达：我在总工会宣教部工作时，了解到这栋红楼的前身。据资料记载，1958年，厦门房屋产权登记时，发现该楼因抗日战争离乱房契丢失，无法办理产权登记，所以归市房管局代管，租赁给11户居民居住。1960年，福建省人民政府宣布厦门总工会旧址为首批省级重点保护单位。当时，全国总工会旧址仅存的只有广州、武汉、宁波和厦门4个城市，所以省市领导都十分重视旧址的收回与修建。1961年，红楼就被列为第一批省级文物保护单位。1993年，曾任福建省省长的叶飞上将还为它题写了"厦门总工会旧址"的牌匾。1964年，省总工会转发了省文管会的建议函，要求厦门总工会筹备工运纪念馆。至今，全国总工会旧址仅存广州、武汉和厦门3家,宁波的总工会旧址据说"文革"动乱时被毁了。所以,厦门总工会旧址的修缮与保护显得尤为珍贵。

薛加宾:虽然20世纪60年代初总工会旧址就被列为保护单位,但是真正的保护应该是从20世纪80年代开始的。1984年,曾有市政协委员提出保护这座老建筑的建议,市委市政府极为重视,多次召开会议协调解决楼内住户的搬迁难题。旧址曾进行过3次大的维修。

第一次是1986年年初,厦门圆珠笔厂搬迁出去后,之前曾作为圆珠笔厂的厨房和仓库的红楼底层腾了出来,市总工会便把一楼先辟为工运纪念馆的展厅,而二、三楼仍然住着居民。展厅与居民共处一栋楼,存在许多安全隐患。比如,楼上居民洗澡洗刷用水会顺着楼道的墙体流下来。每逢下雨,地上便积水,就要垫许多砖头,否则无法进出。当时一楼展室刚建立,虽然采取了一些措施防范,但经不住日复一日的湿气侵蚀,许多照片资料开始霉变损坏。实在没办法,红楼管理人员陈八元同志便在一楼靠厅的地方挖了个"小窨井",让楼上流下来的水聚集到"小窨井",然后再把积水舀出来,抬到外面倒掉。再说,当时住户大部分烧的是柴火煤炭,每到做饭的时候,整栋楼烟熏火燎,炒菜、煮饭、炖汤、煎鱼各种味道都有,对楼下展品也十分不利。

虽然11户居民的住房条件极差,但是要全部讨回来筹办纪念馆,确实也很不容易。若他们不搬走,纪念馆的筹建也就无法落实。我们知道20世纪80年代,大家住房都十分困难,要让这些住户搬到哪里?这在当时确实是一个难题。

1991年,厦门市"两会"代表联合递交题为《建议维修保护省级文物单位旧址筹建纪念馆》提案。之后,提案交由市总工会、市文管办提出具体修缮意见,市政府办公厅曾多次召开协调会落实此事。

第二次是1998年,为了保证总工会旧址纪念馆的顺利筹建,市政府决定从市第三批统建房中安排出13套交市房管所动迁,同时委托房管所对旧址进行维修。市政府一次性拿出13套房子,在当时是很不简单,下了很大决心的,彻底解决了旧址收回的难题。

第三次是2006年最后一个住户从这栋楼搬走后,为了纪念厦门总工会成立80周年,市总工会领导亲自抓修缮方案,厦门总工会旧址才正式开始全面维修。2007年,市总工会重新筹备旧址对外开放。按照保护文物"修旧如旧"的原则,经过几次重修,这座建筑仍然保留了基本原貌。整栋楼的外观,红砖的外墙、圆拱式柱廊、古建筑的屋顶风貌等细节,都和20世纪20年代照片上的图像差别不大。

九十年前总工会成立的经过

吴奕纯:1927年1月24日,在中国共产党的领导下,厦门总工会在大同路土堆巷成立。为什么会选择这里?

薛加宾:总工会旧址位于当时的闹市中心,紧挨着厦门最繁华的大同路和开元路。据老一辈人说,土堆巷这个地方原来是个小山包,又因为以前堆了很多土才得名。它的路面比大同路高,往东边穿过大井脚等小巷子就是开元路,可直通菜市场、鱼仔市场和港口码头。左边往西走就是大同路、南桥巷等,电话公司和电灯公司就在附近。旧址正门往南走有麦子埕、光彩街、"夹板廖"（峡、舨、艉）等小巷子。除了周边巷子四通八达外,附近还是商家聚集的地方,永康成百货公司、南泰成、建成百货、同英布店、大同戏院等都与旧址距离不远。之所以选址这里,首先因为旧址所处的位置特殊,既繁华又隐蔽,可进可退,要来的人可以从不同方向进出,既安全又便于掩护和撤退。其次,因为周边商埠多、码头又不远,工人相对也较为集中,有利于开展工作。最后,当时处于国共合作时期,红楼也是国民党福建省党部所在地,共产党人罗善培（罗明）当时就担任国民党福建省党部书记,正所谓最危险的地方,也最为安全。

许多老厦门人还记得,以前,红楼四周是一片空地,土堆巷巷口有一个茶室（茶桌仔）,实际上是总工会的瞭望哨,工人纠察队就设在这里。它设在巷口有两个好处:平时便于接待工人群众来访,传递信息;特殊情况时又可以望风放哨,只要一有动静,发现情况,马上就会发出暗号通知红楼里的同志做好准备。20世纪五六十年代这个店铺曾经改为"土炭店"(煤炭店),是当时厦门最早的一家煤炭店,现在是食品店。

我们编写了一本《厦门工人运动大事记1840—1998》,从中可以看到厦门总工会成立的经过:

> 1925年6月,罗扬才和柯子鸿在太古码头附近建立工人俱乐部,并组建工人纠察队。

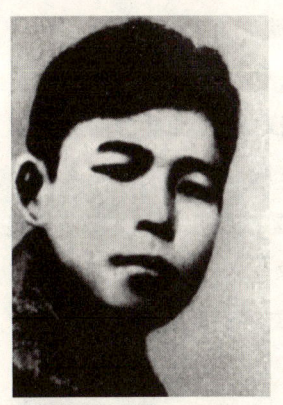
罗扬才(1905—1927)

柯子鸿(1893—1937)

> 6月,厦门第一个工人工会——中华海员工业联合会厦门分会成立。
>
> 11月,厦门共青团组织帮助各行各业工人混合组成地区性工会组织——厦门工友联欢会,地址设在水仙路。

这是各行业工人混合组成的地区性组织,为避免当局干涉,暂不用"工会"名称。在开始活动的两个星期中,参加人数有二三百人,其中码头工人占多数。翌年4月,工友联欢会发展到4个,会员800人。

1926年5月,厦门店员工会在半公开状态下成立,一两百个店员出席成立大会,选出5个理事,粘文华任理事长,郭永畤任秘书,会址设在麦仔埕。

8月初,厦门工友联欢会发表宣言,拥护国民革命军出师北伐。

9月,成立油漆工会,会员70余人,占油漆工人的70%。

11月,厦门工商联合会成立。罗扬才等人组织已建立的9个基层工会参加成立大会。会后举行游行,给全市工人极大的鼓舞。

12月,厦门总工会筹备处成立,工友联欢会宣布撤销。

厦门工人掀起一场以"二五加薪"为目标的"罢山罢海"运动。厦门木业锯木工人要求加薪,中共厦门干事会派人帮助成立镣柴工会,领导罢工,经过11天的斗争,取得胜利。

1927年元旦,在罗扬才等人的推动下,在厦门浮屿角召开各界民众庆祝北伐军胜利大会。会上通过《福建人民总要求十一条》。

1月,日轮"横山丸"资本家在厦门打死中国工人,激起厦门码头工人极大的愤慨。工会立即组织工人罢工,拒绝为所有日轮起卸货物,并到英国人掌握的税务署交涉,强烈要求扣留"横山丸"。斗争坚持了好几个月。

中共厦门市委成立。罗秋天任书记,罗扬才任组织部部长,吴世华任宣传部部长,杨世宁任工运部部长。

厦门印务工会要求取消包工制,取得胜利。皮鞋工会、电气工会要求加薪,在总工会(筹备会)支持下均取得胜利。

1月24日,厦门总工会成立。地址设在大同路土堆巷红楼。大会

杨世宁(1906—1927)

通过工会章程,并选出 30 多名委员。罗扬才任委员长,杨世宁任副委员长,吴世华任秘书,粘文华任组织部部长,柯子鸿任宣传部部长兼纠察队长。

厦门总工会原组织部长粘文华写了一篇回忆录,详细记录了当年总工会成立的情况:

> 厦门总工会成立之前,召开了多次筹备会,筹备委员随着当时基层工会不断成立而逐渐增加。"厦门总工会"大牌,是一块油漆的木牌,白底黑字,一米多长,一尺多宽,是在成立前就准备好了。
>
> 成立那天早上,总工会筹委先洗掉门斗上那一张用白纸写的"厦门总工会筹备会"的横幅,那张横幅是一九二六年底成立筹备会时贴上去的。然后将正式大牌挂在大门口左边,显得威严壮观。
>
> 成立那天,通往红砖大楼的土堆巷、红砖大楼内外,真是人山人海,川流不息,好不热闹。工友们穿着节日的盛装,进进出出,个个脸上露出自豪的神色,喜气洋洋,前来祝贺自己组织的诞生。
>
> 成立大会在晚上举行,会场设在二楼中厅。当时,因电力不足,灯泡少,显得暗了些,但早已准备好的蜡烛,一下子点燃数支,使得整个中厅会场光彩夺目,灿烂辉煌。
>
> 会场正中,摆着一张长桌子,上面罩着红布。墙壁上,挂贴着基层工会、社会各个团体送来的"劳工神圣"横匾等各种礼物彩旗,所属的二十三个基层工会共派了二百多名代表参加,筹备委员全体出席,并邀请了厦门学生联合会、厦门农民协会、厦门商民协会等各团体代表参加。会上还通过了工会章程,并选出了三十几名委员。罗扬才任委员长,杨世宁任副委员长,吴世华任秘书长,粘文华任组织部长,柯子鸿任宣传部长等等(按:罗扬才、杨世宁、吴世华、柯子鸿均为中共党员,粘文华为共青团员)。大会由吴世华主持,罗扬才、杨世宁先后讲话。代表来宾均发了言,祝贺厦门

总工会成立。

厦门总工会有圆形公章一枚,手摇电话机一架,油印机一台。

总工会有一支纠察队,队员二百余人(大厂两个,小厂一个,全脱产,工资由厂方负责)。柯子鸿任队长。纠察队臂章是红布写黄字:"厦门总工会纠察队"。纠察队制服、帽子、上衣呈黑蓝色、衬衣型,胸前有两个小衣袋,黑色胶鞋。总工会还购置五六支短枪。

总工会有银质证章,圆形十二齿状,直径五厘米,刻有"厦门总工会""证章"字样;部分基层工会也有证章,直径三厘米。当时总工会脱产干部的工资很低,每月八元至十元,大家从无计较,积极热情、任劳任怨,全心全意投入工作。

我们在布置展室时,二楼、三楼基本按照原貌布置。二楼会议室里面有组织部、宣传部、财务室和纠察队四间办公室,正中间摆放一张长条桌子;三楼的左右两边小房间是罗扬才和杨世宁的卧室。为了还原大革命时期总工会成立时的原貌,我们专门到龙岩客家人居住的武平、上杭等地方,收集到木床、桌子、椅子、脸盆架、蓑衣等,还意外地收集到一架手摇电话机和一台滚筒油印机,给展室增添了真实感和历史感。

第二次全面维修红楼时,我看到一楼右上角墙上挂着两块白底红字的搪瓷牌子,长80厘米,宽40厘米。有一块牌子上面写着"厦门市总工会旧址经本委于一九六一年五月公布为第一批省级文物保护单位",落款是"福建省人民委员会",再看一下时间是"公元一九六三年十二月";另一块牌子写着总工会旧址的简单概况:"一九二七年一月,在共产党员罗扬才等领导下,于此成立了厦门市总工会,有基层工会二十三个,会员一万多人,领导全市工人进行'二五加薪'和反剥削的罢工斗争。"当时我看到这两块牌子时十分激动,马上想到一定要保留下来。我生怕随着维修而丢失,便把这两块牌子搬回家中保管,直到旧址修缮完毕纪念馆对外开放时,我才将其完璧归赵,至今这两块牌子都陈列在三楼展室的中间橱窗里。

　　1927年4月9日,国民党右派发动反革命政变,厦门总工会遭到破坏,罗扬才、杨世宁被捕,并在福州英勇就义。厦门工人运动被迫转入地下。我们在整理《厦门工人运动大事记1840—1998》时,发现许多资料都没有报道罗扬才与杨世宁牺牲的具体细节,甚至在福州什么地方就义都没有记载。于是,我们利用到福州开会的机会,专程去寻找罗扬才、杨世宁烈士就义的地点。我们在福州许多部门的帮助下,最终才找到被称为福州雨花台的"福州市西门鸡角弄"。20世纪50年代,鸡角弄是福州市的奶牛场,60年代是罐头厂,所以人们早已忘了它的旧名了。我们在楼前拍了一张照片,写上"罗扬才、杨世宁烈士就义的地点",弥补了纪念馆资料的不足。

　　还有,在筹备展览馆时,找不到当年总工会成立的照片,也可能当时就没有条件拍照。为再现当年的盛况,我们按照当时成立的场景,请厦大美术系老师进行了艺术创作,画了一幅油画,对会场进行复原:会场正中摆着一张长桌子,上面罩着红布,墙壁上悬挂着基层工会、社会各个团体送的"劳工神圣"横匾;参加大会的工人代表们,个个

厦门总工会大会原会场(二楼)

喜气洋洋。现在这幅油画挂在展馆三楼展厅的墙壁上。

吴奕纯：总工会成立后发挥了哪些作用，推动了厦门的工人运动向前发展？

马兴达：从我了解的资料看，厦门总工会成立3个月后，会员数量从5000多人增至20000多人，基层工会增至23个，成为大革命时期厦门革命的中坚力量，有力地推动了厦门乃至闽南地区革命运动的发展。

还有，总工会成立后，首先是出版和推介进步书籍。如出版《星火》报和油印小册子，用通俗语言歌颂"劳工神圣"，揭露资本家、反动军阀对人民的残酷压迫和剥削，宣传马列主义和党的政治主张。同时销售《向导》《中国青年》《新建设》《觉悟》及上海书店（中央总发行机关）发行的革命刊物，传播共产主义思想。

其次是党员深入工厂调查访问，找工人谈心，了解工人疾苦，启发工人的觉悟。当时厦门的各个码头都被帮派、行会所控制，家族观念强，彼此互不买账，经常发生纠纷械斗。总工会宣传部部长兼工人纠察队长柯子鸿便以牙医的身份为掩护，经常背着药箱奔走于厦门各个码头，为工人治病，并帮助他们排忧解难。柯子鸿跟工人们说，普天下劳苦大众都是一条苦藤上结下的苦瓜，是一家人，要翻身求解放，就必须清除帮派影响；要联合起来，团结一致，才能取得最后的胜利。在他的宣传教育下，工人们消除了彼此的成见，冲破帮派束缚，建立了自己的码头工会，并在工会的领导下，勇敢地同帮派势力展开斗争。

再次是广泛地办起了工人夜校、工人俱乐部，为培养工运骨干、建立工会组织打下基础。

我在政策研究室担任主任时，曾参与编辑《厦门工人运动史》，了解了罗扬才、杨世宁关心爱护工人们的几个故事：

总工会委员长罗扬才在厦门电厂工人夜校讲课时，举了工人们的身边事例"做衣的裁缝没衣穿，做鞋的鞋匠没鞋穿，种田的农民没饭吃"，通俗易懂地分析了工人创造出来的财富大部分被中外资本家剥削了的真正原因,号召工人兄弟们要起来同资本家斗争,要团结一致。他说,如果工人兄弟不团结,就像一块块散开的石子,没有合力;如果大家组织起来抱成一团,就像用洋灰(水泥)把石子凝结成一堵坚固的围墙,才有威力,才能取得斗争的胜利。在罗扬才等党团员的启发教育下,参加夜校学习的工人们积极性越来越高,认识到组织工会的必要性和重要性,觉悟也有了很大的提高。

1926年春,罗扬才为了深入电灯厂工人中做工作,便将电厂旁一间竹棚设为电灯厂工人夜校。那时候,罗扬才还在厦门大学教育系读书。一些中小学要聘请他代课,他都谢绝了,却到工人夜校义务兼课。有一次他听说工人吴阿生生病了,便到他家看望。走进吴阿生家里,看到他家一贫如洗,家中早已断炊,小孩饿得哇哇直哭。别说治病,就是日常生活也难以维持。罗扬才二话没说,便将自己的外衣脱下来,交到吴阿生手中说,孩子们饿了,你把大衣拿去换点粮食给孩子们充饥吧!吴阿生接过罗扬才的外衣,激动得眼泪刷刷地落下来……之后,电灯厂的工人在他的关心教育下,逐渐团结起来,形成了一个整体。

同年夏季,党组织派总工会副委员长杨世宁到电话公司做工作。当时电话公司制度很严,不能随便进入。他便挨家挨户私访,同时又到电报局去做工人思想工作。经过他的努力,工人们觉悟提高很快。于是,党组织认为条件成熟,便于10月份在通俗教育社成立电器工友联欢会(后改为电器工会)。到1926年,厦门基层工会已发展到十五六个。

"二五加薪" "罢山罢海"

薛加宾: 在北伐军入闽,党领导下的厦门工人运动蓬勃发展形势

下,罗扬才、杨世宁按照党的指示,组织工人群众开展了一场以增加工资、改善劳动条件的"二五加薪""罢山罢海"运动,取得了重大胜利。我们编写的《厦门工人运动大事记1840—1998》是这样记载的:

> 1927年2月28日,全国总工会于2月20日在汉口召开执委会扩大会议,通过《全国工人阶级目前行动总纲》26条,并号召全国工人在2月28日罢工1小时,抗议英国出兵干涉中国革命。厦门总工会领导全市工人,于28日上午12时至下午1时止,举行全市总罢工1小时。
>
> 3月14日,厦门海员工会发表《加薪宣言》。
>
> 罢工首先从罗扬才等共产党人活动和影响最大的电厂工人开始。在北伐军入闽前,电厂工人便提出加薪的要求。工人工资20元以下的加6元,20元以上的加4元。11月,八九十个电厂工人在工会领导下于圆山宫集合,决议罢工。罢工后,全市停电,工厂机器不能开动,晚上一片漆黑。资本家受到损失,叫苦连天。
>
> 罢工后二三天,电厂经理托海军司令部派人出面"调解",对工人施加压力。但工人不为所动,厂方最后不得不答应要求。
>
> 电厂工人罢工胜利后,海员、码头和其他工厂也起而罢工,要求加薪。

马兴达:我曾参与编写的《厦门工人运动史》也记载了当时一些资料:

> 厦门邮务工会在厦门总工会领导下,于1927年2月初发表增资宣言,提出增加工资、取消存款制、患病给病假、雇用船员必须是海员工会会员、因公致残致死应发抚恤金、八小时工作制、工会职员不得随便调动、开除会员须经调查等八项要求,并请按例发给口岸津贴。但是,厦门邮务当局拒绝了工人们提出的八项要求。于

是，邮务工会便成立罢工委员会，于3月4日开始有组织有步骤地进行总罢工。同时，散发传单，通函沿海及内地各局，鼓动它们起来共同行动。邮务当局不得不做出让步，每月暂由二五税收项下，拨出五百余元作为发给厦门邮工所要求的津贴，工人工资每月增加三至十元。

厦门码头工人人数最多，拥有三千余人，是厦门工人阶级队伍中一支强大的力量。历年来资本家把码头工人的工资压得很低，连这点少得可怜的工资还要受到工头的层层克扣，比如，工人要交纳"地头税""家族自治会费""码头修理费""茶水费""号帽费""出栈费""人头费"，等等。这些克扣费要占去工人工资百分之三十甚至百分之四十。

市总工会根据党组织的部署，召开码头各支部工会骨干会议研究，提出加薪数目。他们根据厦门码头特点，先举行罢工然后再提条件。因此，工会一声令下，全市所有码头工人便立即停止了手中的工作。

资本家见工人罢工，船上货物无人搬运卸不下来；地上的货物装不上船堆积如山，只得请商会出来调解。柯子鸿根据罗扬才的部署，前往与资本家谈判，要求增加工资百分之四十，资本家见工人团结力量大，只得答应如数给工人加薪，工人们才复工。

薛加宾：海员工会为实现要求加薪的条件，还组织了盛大的示威游行……外国资本家经营的"大利"等汽船公司在海员工人团结一致罢工斗争声势下，也不得不签字同意加薪。厦门、石码、安海等线的海员工人均按原有工资增加了百分之二十五。码头、洋行和其他工厂工人的罢工斗争也相继取得胜利，实现了"二五加薪"。

在厦门总工会的领导下，全市性的"陆上""海上"的加薪罢工规模空前，声势浩大，都取得了不同程度的胜利，工人们称这次事件为"罢山罢海"的革命斗争。

总工会旧址的今生

薛加宾：如今的厦门总工会旧址，已辟为厦门工人革命运动史纪念馆，是厦门市爱国主义教育基地。它是福建省保存下来的、反映大革命时期福建工人运动的唯一建筑。一楼是主展厅，二楼是当年召开厦门总工会成立大会的大厅，现在辟为新中国成立后厦门总工会各个历史时期工会工作、社会职能的展厅。三楼是罗扬才、杨世宁两位工运领袖当年的住所，现在布置如旧。

修缮后的总工会旧址既反映了大革命时期的工人运动历史，又体现了新中国成立68年来厦门工运的时代风格。展厅内加大了有效展览空间，扩大史实内容，现已筹备到历史图片资料500多幅，还有1949年厦门总工会筹备委员会工作胸章、首届劳模大会纪念章、1950年第一部袖珍型《中华人民共和国工会法》以及工会代表证等。

红楼经修缮、布置后，成为厦门市德育教育基地，一直免费对外开放，以期达到薪火相传、继往开来的目的。开放以来已接待了上万人，每年清明节、"五一"、"五四"、国庆等重大节日，机关学校都会组织干部学生前来参观，接受革命传统教育。

罗扬才是厦门第一个中共党员、第一个党支部书记、第一个总工会委员长、第一位革命烈士。他的革命事迹，在福建革命史上留下了浓烈的一笔，是一面永远闪光的旗帜。

每逢重要的节日，罗扬才的亲属都要到厦门总工会旧址来祭拜，在罗扬才烈士的塑像前深深地鞠躬。有一次，我看到罗扬才的亲属来到纪念馆，在一楼主展厅的罗扬才塑像前敬献一束鲜花，默哀鞠躬，然后进入展厅仔细地观看展板上面的每一幅照片和每一个文字。她告诉我，厦门人民一直铭记着罗扬才等革命烈士的历史功绩，市委市政府非常关心烈士后人，他们在厦门得到了很多关心和帮助，罗扬才地下有知会感到欣慰的。

修缮后的厦门总工会旧址

在毛泽东同志100周年诞辰时,陈八元同志曾接待了毛主席的儿媳邵华和孙子毛新宇。陈八元告诉我,那一天上午,邵华和毛新宇来到纪念馆,仔细地观看了照片和文字。毛新宇告诉陈八元,他是从漳州来的,目的是沿着爷爷走过的道路,重走革命路。他还站在叶飞上将题写的"厦门总工会旧址"牌匾下拍照留念。

纪念馆留下了许多参观者的留言,不妨摘录几条:"不忘初心,继续前进""铭记历史,不忘先烈""珍惜现在的美好生活"等。

厦门总工会旧址纪念馆的建立是留给后人的一笔无价的精神财富!

义兰饼家——老字号的浴火重生

口述人：洪永钟、王海敏
采访人：廖华
采访时间：2017 年 9—10 月
采访地点：厦门大同路 309 号义兰中糖饼总店

【口述人简介】

洪永钟，义兰饼家第二代传人，1954 年出生于厦门，义兰中糖饼店负责人。

王海敏，义兰饼家第三代传人，洪永钟的女婿，1988 年出生，目前是公司运营经理。

【内容简介】

20 世纪 40 年代，厦门市区最繁华的街道大同路上，义兰饼家在创始人洪友伦的经营下已是有口皆碑；50 年代，公私合营的浪潮抹去了许许多多私营企业的各种名号，义兰饼家也不例外，它消失了。2011 年，洪友伦的儿子洪永钟在 56 年后，还是在大同路，其父亲先前老铺子位置的对面，再次挂起了义兰中式糖饼店的牌子。为了它曾经的历史，店招牌上的"义兰"二字用繁体表现。饼店第二代不忘初心，秉承着父辈所用的工艺和配方，坚持做最纯粹的味道，做最好吃的饼，得到了社会的认可。目前义兰第三代也接上来了，他们正在努力做强做大，希望让更多的人品尝到香酥甜糯的义兰糖饼。

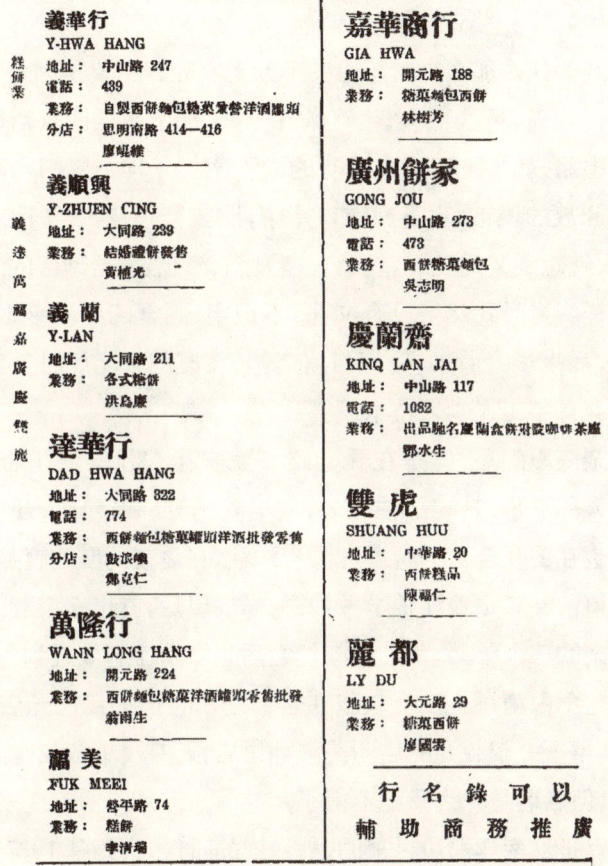

新中国成立前政府部门出版的《厦门商业行名录》，义兰名列其中

洪永钟：1942年，我父亲洪友伦在厦门大同路209—211号创办了义兰中式糖饼店。当时其实就是一个小作坊，以经营中式糖饼为主。中式糖饼有别于西式的面包、蛋糕，主要是花生糖、贡糖、蛋花酥、鱼皮花生、馅饼等这一类的。

我的老家在福建东山岛，生于1915年的父亲13岁就只身一人从东山岛乘船到厦门来。那时，厦门、东山都是独立的岛屿，两岛之间往来都是靠走船，我父亲就跟了艘船，坐在船舱里来到了厦门。我父亲有

兄弟姐妹八人，其排行老三。在老家时，爷爷、叔伯都是渔民，祖祖辈辈以讨海为生。

我父亲为什么那么小就想着要离开老家呢？主要是因为老家东山岛自然条件太差，风沙很大，生存条件不好，岛上头脑比较活络的人就想办法找出路，就像厦门那时候有的人下南洋一样。厦门当时在福建省是比较开放的城市，也是通商口岸嘛，比较繁华，对周边比较有吸引力，有的人就想到厦门发展，就像现在泉州、漳州、龙岩地区的人也爱到厦门来一样。当时我父亲没有文化，不识字，到厦门后慢慢熏陶，加上自己努力，后来学会看书，管理自家店铺，在厦门食品厂时甚至能在黑板上写字教青年工人学习技术了。

我父亲来厦门后，先是在开元路一家东山人开的糖饼店做学徒。他的师父人称江伯，其实江伯姓朱，很早就到厦门做糖饼，开店了。江伯的后代也在公私合营的时候进入合作社，在后来的厦门食品厂，我们还做过同事。父亲跟着江伯学做糖饼，学成以后，就出来自立门户开店铺了。父亲的三个弟弟，我的叔叔们之后也从东山老家来到厦门，跟着我父亲一起学做糖饼。三个叔叔在学会之后也出去自己开店了，一人一家店，其中一个叔叔开的店叫美隆糖饼店，还有一个叔叔也开了很久的糖饼店，但店名是什么我记不得了。

我妈妈是从南洋那边过来的，她六岁的时候，大约是 1927 年，我外公带着全家，包括外婆、母亲和母亲的一个姐姐、一个弟弟来厦门谋生。我母亲小时候有读书，会算账，家境比父亲好一些。母亲和我父亲认识、结婚后，一起经营义兰糖饼店。我的兄弟姐妹很多，大姐 1944 年出生，长我十岁，我还有三个哥哥、两个姐姐，其余几个夭折了，我最小，但是继承父业做糖饼的只有我一个。

1942—1955 年这十三年间，义兰糖饼店只是一个三人的小作坊，除了父母外只请了一个工人，规模很小，但是他们的工艺做得很好，全部都是自己手工制作。我们现在的产品跟他们当时做的差不多，以中式糖饼为主，基本上是花生糕、花生酥、花生糖、贡糖、鱼皮花生等，这些都是我们厦门人乃至闽南人的茶配。因为我父亲在厦门做糖饼生意站稳了脚跟，还做出了名气，加上两个兄弟也开了糖饼铺，可以说，新中国成立前后我们家族做中式糖饼在厦门也是挺有名的，特别是义兰糖饼店在当时是很受行业和社会认可的。

1949年后，父亲的义兰糖饼店照样经营着，一直到1955年，人民政府号召公私合营。政府派人找到我父亲，要父亲的糖饼店加入合作社，这是当时的社会潮流，谁也无法置身事外。当时一起加入合作社的还有几十家同行业的个体户，就这样成立了厦门中式糖果合作社。义兰这个名号就不再用了，和其他很多家各色名号的店铺一样都消失了，统统归入厦门中式糖果合作社，这合作社也是厦门食品厂的前身。

大概是义兰糖饼店在当时名气较大，有代表性，而且我父亲人缘好，有号召力，更主要的是他的技术好，得到政府和同行的认可，所以他在这么多家同行聚合起来的合作社中被任命为副厂长，主抓技术。厂长则是政府派来的干部。我父亲在"文革"前是全厂工资最高的，比政府派来的厂长还高，他是八级工，是技术工种中最高的，属于技术权威了。

中式糖饼基本上是以花生制品为主的各式糖饼。厦门食品厂位于后江埭路29号，我父亲在这里一直干到1978年退休，但他退休后食品厂一直聘他为技术顾问，他也就一直上班，直到1985年过世。我原先是知青，在同安上山下乡，当了两年农民。1978年父亲退休，我就补员顶替他，那时我24岁，也到厦门食品厂工作，就这样顺其自然地承继了家族的行当。我们这一大家子有好多人在食品厂工作，我父母亲、叔叔、婶婶、哥哥还有我。我哥哥大我十几岁，十三四岁就进厂了，但他退休后没有再做了。我还有一个姐姐、一个哥哥下乡闽西，回来后进了其他企业，没有从事家族事业。

全家福(中间大人是义兰第一代洪友伦夫妇,前排左起第一人是洪永钟,其余为他的哥哥、姐姐、弟弟们)

在食品厂工作还成就了我的姻缘。我老婆娘家也是做这行的,原先也是小商小贩,我岳父的妹妹也是开糖饼店的,但他们家做的是西式糖果,就是硬糖、软糖、巧克力等。公私合营时,我岳父岳母、我大舅子还有我老婆的两个姑姑也都进入厦门食品厂。我们就是在工作中认识结缘的。

进了食品厂,我从普通工人学徒干起,然后做组长、车间主任,最后做到厂长。当时,随着生产形势的发展,合作社越做越好,后来发展为厦门食品厂、厦门食品总厂。20 世纪 80 年代时,我当了总厂下辖的分厂——中式糖果分厂的厂长。

厦门食品厂当时做得红红火火,生产的品种很丰富,销量很高。20 世纪六七十年代在厦门,在福建省,甚至是在国家轻工业部它都是一个重点企业。生意有多旺呢?这么说吧,当时开全国糖酒订货会,我们是用不着去推销的,都是人家来找我们,基本上是顾客主动上门的。20 世纪 80 年代初的时候,国家在经济方面有所放开,厦门食品厂领导很有眼光,自己成立了销售公司,任命我当销售公司的总经理,负责采购

在南普陀合影（前排中间为义兰第一代洪友伦，
其右手边为当时食品厂的书记兼厂长）

和销售。那时我们每年 8 月会召开秋季订货会，因为 9 月是销售旺季。请柬一发出去，全国各地大小客户都会来，订购的数量很大，效益非常好啊。我们还直接到上海、北京等地推销，哇，市场一下子就打开了。因为我们的东西做得好，订单络绎不绝，我们的产品——"白鹭牌"花生制品，西边销到新疆喀什，南边销到云南西双版纳，北边销到黑龙江绥芬河。这些地方我都去过，因为销售部门我负责。厦门食品厂的各种中式糖饼甚至还名扬东南亚，我们的花生制品通过厦门外贸公司以"双灯牌"的品名出口到日本、新加坡、马来西亚、菲律宾甚至中东地区，卖得很好。

为什么会重新竖起义兰的牌子呢？真的是时代变革所致。因为 20 世纪 90 年代初我们食品厂搞改制，那时许多国企都一样，搞国有企业改制。国家搞抓大放小，我们食品厂虽然规模不小，但在全市来看还不算重大国有企业，又面临激烈的竞争环境，于是就被"放"掉了，卖给

了私人，我也就出来了。

其实我很早就有自己的考虑了。我看到国有企业因为吃大锅饭已经渐渐没有活力了，早就想自己干了。改制，正好给了我机会。出来后我做自己的事业，一边也交社保，2014年到了退休年龄，所以我现在每个月也有4000多块的退休金。

2011年，我把义兰的品牌恢复起来，挂出了义兰中糖饼店的牌子。要说创业，也不是随便说说就能做起来的，这需要有头脑，还要有决心，其实有很多人是失败的。我们家族虽然有很多人在食品厂干过，但最后只有我一个人扛起了这块牌子。我为什么敢做呢？我想我是有闯劲，有管理知识，还有一定的眼光，当然运气也是其中很重要的一部分。我在食品厂工作时学习了不少管理知识，因为我当过中层干部，那时总厂经常搞培训，请老师来上课，所以企业培训、企业管理一整套我都学习过，加上当过几年的厂长，实践经验也有，企业管理的基础是有的。

我1994年就从食品厂出来了，1994—2008年间，我先是到上海干。我开了一家公司，叫作祥发食品有限公司，主要也是做糖饼。一开始是我自己去上海打拼，后来我老婆退休了，也到上海来帮我。在上海做糖饼，基本上还是可以的，上海人对我们的馅饼不是很接受，但是对我们的中式糖类，比如花生糕、花生酥、蛋花酥非常喜欢，和厦门不太一样，厦门人比较喜欢馅饼。因为上海人多市场大，所以我们的产品还是销得很好的。那为什么要回来呢？我觉得年纪大了，还是得回家乡，落叶归根嘛，我就带着在上海赚到的钱回来了。

2008年回来后本来想休息了，可是想想自己还年轻，才五十多岁，应该要找点事干。干什么呢？还是老本行吧，因为熟悉，而且我有这方面的技术和经验。经过两年多的准备后，于2011年我正式重新竖起了义兰的牌子，新的义兰中糖饼店继承了我父亲那个时候的做法和味道。一开始我没想太多，就开个小店试试看。嘿，没想到生意很不错，我们的糖饼卖得很好，客人很喜欢我们的东西。这时我就想要与时俱进，义兰要进一步发展，要扩大。

像我们这种店铺，如果要进一步扩大就要往连锁店的方向走，否则很难发展。因为我们的糖饼是手工制品，利润薄，不走量赚不到什么钱，连锁店越多成本会越低，有了销售量才能有钱赚。就这样我们开始布点，没想到后来发展得还挺快，现在已经有近三十家了；当然也要合理布局，否则自己竞争也够呛。

现在我们在海沧有个配送中心，规模还行，有两千多平方米，而且整个生产的设备都很好。现在做食品行业没那么简单，国家对食品行业管理控制得非常严，如果硬件没有达到标准是不让你做的，它有个生产标准许可证，以前的标准叫 QS，现在叫 SC，你没有达到一定的规模就不行。一个生产车间还必须配有严格的化验设施等，有关部门会派人来检查验收。验收达标之后，批准通过，他们会给你一个代码，然后网上就可以查得到了。现在我们硬件各方面已经满足市场的要求，整个生产流程是符合标准的，卫生等各方面指标是达到要求的。

我们的产品现在销售得很好，就说这几天，正在召开金砖国家领导人厦门会晤，有关部门就来我这里订了两千多盒馅饼，四盒一个礼袋。我们现在就在抓紧装袋，这些应该是作为伴手礼赠给参加会议的有关嘉宾的。

现在临近中秋，我们很忙，很多大酒店让我们加工中秋月饼。一些厦门非常知名的大酒店，过去是自己做月饼，可是现在人工成本太高了，它们做起来感觉得不偿失，所以就委托有资质的食品厂代工，然后就找到我们。一些大酒店出售的包装很漂亮的月饼就是我们代工生产的，这就好像郭台铭给苹果代工一样，品牌是别人的，自己做加工。当然我们也用自己的品牌做月饼供应市场。厦门市的一个部门每年春节和中秋这两个节日都要在香港举行厦门香港联谊会，在这之前都要向我们买几千盒馅饼寄运到香港，应邀来参加联谊会的厦门乡亲都会拿到两盒我们的义兰馅饼，作为伴手礼，因为厦门人都爱这个家乡的味道嘛。去年在香港召开联谊会时，有朋友就拍了会议现场的照片，还把他们拿到的伴手礼——义兰馅饼也拍了照片传给我。

义兰馅饼在厦门人印象中属于比较好的,最好的不敢说,但名列前茅是肯定的。鼓浪屿馅饼也很有名气,鼓浪屿馅饼厂原先也属于厦门食品厂。它走的路子跟我们差不多,先是私人的小作坊,20世纪50年代中期合并到合作社,然后又是食品厂,再后来形势变化,改制什么的,分分合合最后就分出去卖给私人了。话说回来,我过去在厦门食品厂工作时,当过销售部门经理,对打开市场的门路还是有一定经验的。

不过义兰目前还是以厦门市场为主,因为我们的生产能力基本上只能满足厦门市场,光一个厦门就够我们做的了。另外还有一个很重要的原因是,现在的销售渠道有了重大的变化,以我们的一己之力,要销售到外地或者是到超市铺货上架,成本受不了。它需要进场费、通关费等费用,实在受不了,比我们自己开个店成本还高。所以我们现在主要是现做现卖,省去中间环节,生产、销售都是我们自己。而且这样做,产品直接销到消费者手上,很新鲜。这也是义兰的特色,我们的宣传口号就是"手工制作,现做现卖"。

义兰所有连锁店都实行面包、馅饼现做现卖,生产作坊是敞开式的,我们的工人在那里捏馅、和面消费者都看得见,看了就会放心。这种做法在台湾很风靡,台湾叫观光工厂,在这方面台湾比我们先行一步,这也是台湾旅游的一部分。他们让游人、消费者到工厂,现场看他们制作,消费者也能现场亲自动手制作。义兰也可以说是简单的观光工厂,透明度很高了,只是目前还没有让消费者亲自动手制作这个环节。去年就有五六个台湾人到我们大同路的总店来买东西,其中一个人就在一边录我们的生产制作现场。他们觉得挺有趣,说这样做的饼让人放心。他们还把录像带到台湾去放给亲友看,后来又带到厦门放给我们看,他们说还带去香港给朋友看了,大家觉得这个饼不错,所以又来买了。将来是不是开设真正的旅游观光工厂,让游人可以参与到制作中来,我也是有考虑啦。因为这要与旅游公司合作,有旅游公司带游客来才行。还要选一个地方,能方便停车,还得能停大巴车,就可以搞起来了,游客应该会很喜欢。

义兰馅饼获得的荣誉也不少。2014年,《厦门晚报》牵头组织搞厦门十佳馅饼大评比。那天在海沧的一条步行街上,所有参赛的饼家都在展位上把自己的产品亮出来,供大家品尝、鉴别,然后群众投票,专家评议。经过初选、淘汰、再筛选,最后评出十佳馅饼厂家。这十家的馅饼都不错,但很自豪的是,义兰馅饼排在第一。

义兰馅饼入选2014年厦门十佳馅饼

就在前两个月,《海峡导报》也搞了个厦门十佳伴手礼评选,我们又被评上了,得票也是名列前茅。这次不单单是馅饼,还有其他类别的产品,是综合性的。2015年1月,《厦门日报》和厦门商业联合会联合举办"好店名大奖赛",我们义兰中糖饼店名列十大"新锐好店名"之首。

我们做饼延续了上一代人的传统工艺,而且用真材实料,但是我觉得现在产品的口感应该超过了以前的,至少不比以前差。为什么呢?因为以前条件没有现在的好,以前是用煤炭烧火,现在使用煤气,煤气的火比较均匀。在用工、用料、配方、配比上延续过去做法的情况下,现在烘焙条件比过去好了,所以做出来的东西比以前的好。

说到烘焙方法,我们和许多同行是不一样的。我们用的是两面烤制法,而很多生产量大的同行用的是隧道窑烘焙法。隧道窑烘焙法就是把要烤制的馅饼放到一个长长的烘焙长廊,就像经过一个隧道一样,产品这头进去是生的,从那头出来就是成品了。这种烘焙法生产量大,过程简单,成本也比较低。但我们是用两面烤制法,就是馅饼上下两面各烘焙一次。我们用的是大烤箱,做好的馅饼一放进去,在高温下,饼皮表面水分迅速蒸发,并产生气泡,这样饼皮就会酥,一定时间后,将饼从烤箱中拉出来,冷却一下,然后用人工将一块块饼翻过来再烤制。这样的工序就是延续了我们家过去古早的做法,虽然比较费时费力,但我们还是要这样做,才能保留古早味,才能保证馅饼的好口感。还有,馅饼好吃还要讲究一个酥,我们的馅饼为什么特别酥呢?诀窍就在和面时揉进不加水的油面团来起酥,用人工不断地揉,揉出来的饼皮是一层一层的,所以烤出来的馅饼皮就特别酥;如果用机器揉面的话,饼皮绝对不会这么酥。

义兰馅饼的制作现场

其实,我们要保持这个品质和古早味,是下了功夫和本钱的。我们公司目前有员工两百多人,其中有不少是工资较高的技术人员,产品大多是手工制作，在高温中，工人很辛苦，工资也不能低。生产糖饼食品往往讲究色、香、味俱全，在食品生产的国家标准中也是允许适当放一些添加剂的。比如说蛋卷，放一点色素颜色会鲜艳一些，放一点香料闻起来很香，但是放了这些东西，味道就会差一些了。现在的人都很注重健康，我们为了味道更纯、更有益健康一些，就改变标准配方，不放色素、香料和防腐剂，全部用鸡蛋和白糖，也不放水下去和面，这样做出来的蛋卷特别香。

你可以随时到我们的各个门店看，拿出来卖的馅饼、面包都是热乎乎的，刚出炉的，这些食品基本上是零库存。我们所做的，消费者都看得见，所以也很认可。我们的面包也是很好吃的，为什么呢？因为我们用的原材料都是最好的，面粉是日本散装进口、深圳包装的高筋粉，很劲道，这是我在众多品牌面粉中精挑出来的。还有食用油，也是很讲究的。前些年，我到上海调了一桶进口油试试，效果很好。当时一桶油210千克，4000多块钱，现在一桶涨到了15600元，我们也得用。

我们的花生糕也比较特别。有人问我："你家的花生糕放在小盒子里一块块的很好看，轻轻拿起来放到嘴里，入口即化，还特别香甜，很神奇啊，怎么做的？"我说，这也是用心啦，首先花生原料就要好好选择，要选用优质花生，这样不会有异味。然后要将花生打磨得很细很细，基本上吃不出颗粒才行。最后我们加入的不是白糖，而是葡萄糖，这样的花生糕吃起来会感觉冰冰的，好吃又健康，入口即化就是这样来的。

还有鱼皮花生。消费者说我们的鱼皮花生不会硬邦邦的硌牙，很脆很香酥，好吃。这也有讲究，第一道工序还是要精选花生，用人工挑选，机器不行。第二道工序是做坯，坯就是包在花生外的那层壳。这个坯是用糯米粉和粳米粉按比例混合而成，糯米粉的比例要大于粳米粉，因为糯米粉比较软，在高温烤制时膨胀得很快。膨胀快，当中有小气泡产生就容易酥了。如果为了贪便宜，少放或不放糯米粉，或者用面粉替代，那做出来的鱼皮花生肯定很硬，因为面粉没有弹性。还有一个因素就是要控制好坯的厚度，这个生产工艺也有标准，如果太厚也会硬。我

们现在为了让鱼皮花生好吃,把那个坯的厚度降到最低,不能再低了,否则容易碰碎。所以消费者反映说:"啊,又吃到小时候的味道了,皮薄香脆。"这里教你一招,如果一粒鱼皮花生拿在手上,两个指头捏得碎,就是标准的,如果捏不碎,那就是壳太厚,不好吃。

所以说义兰的东西好吃,也没什么窍门,最主要的就是舍得下本钱,原材料好,做工认真比别人费些功夫。不过,只要能生产出好的东西,保持住消费者对我们产品的喜爱和信赖比什么都重要,都值得。

义兰现在的规模,超过了我父亲第一代的水平。当时我父母亲的义兰糖饼店虽然名气很大,但规模并不大,一直只是个作坊和一个店面。因为都是手工作业,利润很低,父母养育的孩子又很多,所以家里经济状况只够温饱,并没有很富裕。现在的义兰应该说是比前辈做得大多了,因为我们有发展的眼光。虽然我们没有继承上一辈的资产,但是老一辈踏踏实实,做好吃的饼的工艺和精神我们是发扬光大了。当然啦,运气成分也是有的,我一开始做义兰品牌,生意就很好,一直也比较顺利。

目前,义兰有近30家连锁店,厦门岛内20家左右,其他的分布在岛外,同安、集美、海沧等区都有分店,漳州龙海也有2家。连锁店是我们和合作伙伴共同投资,基本上合作方是投资主体,这样他们就有责任意识,保质保量,销售就主动了。在所有连锁店生产销售的饼类原材料,比如说做馅饼用的绿豆馅、红豆馅、芋泥馅都是总厂做好统一配送,面粉和用油也是统一的。制作馅饼、面包等有一个工艺标准,产品的配方各店店长或者老板都知道,他们都会严格按照程序加工制作,所以各个分店制作出来的馅饼质量、口感是一样的。如果他们改用其他原料,或者偷工减料,那消费者是很厉害的,马上会识别出来,不买,所以,谁都不敢砸这个牌子,一定要保证质量。我也会时常到各店走一走,看一看,颜色一看差不多,闻一闻香度,再尝一尝味道我就知道了。我也会听消费者的反映,产品质量怎么样,是不是贵了,做的味道有没有走样什么的。我们会根据消费者反映的情况及时改进。

现在的义兰主要是我和我表哥两个人在做，以我为主，我老婆目前管理大同路的总店，表哥分管生产调度等方面。说到传承，我有下一代接上来了。我只有一个女儿，但是她目前还在自贸区一家德资企业上班，是白领。女婿出来帮我做了，我感觉自己还年轻，先有一个人来帮就行了。女婿是大学本科毕业，文化水平比我高，对市场情况也有了解，我觉得女婿和女儿来接班的话肯定会做得比我们好。小夫妻俩同时还管理着自家的网店，接单发货，做得还不错呢。通过网店，我们的糖饼销到全国各地了。

王海敏：抛下外企很有前途的事业到义兰来做糖饼，这个跨度看起来真的有点大。但是，下这个决心不仅是因为老丈人需要我来协助他，我妻子洪玮是独生子女，家族的事业传承我们有义不容辞的责任，而且其实这也是我自己的意愿。我认为我的性格适合做生意，但最重要的是我觉得这么好的东西真的需要传承下来。

我在大学里，就是在厦门理工学院，学的是电气工程及其自动化专业。在我们那届，这个专业在学院里是数一数二的。我在大学里入了党，还是我们这个年级的党支部书记。在学业上，我也是班级里名列前茅的，每年都能拿到奖学金。在学习过程中，我也希望与社会多接触，加强自己的能力，我一直有做家教，因为数学比较好，所以给中学孩子补习数学。在大学里，我对自己的要求就是要在各个方面都加强能力，所以那四年过得十分充实，也很忙。2011年毕业时学校希望我留校，但我婉拒了。经过学校推荐，层层筛选之后，我进入海沧自由贸易区里一家比较有名的德资企业，这家德资企业是做汽车配件的。之后几年在汽配公司里磨炼，包括学习德系大企业的一些思维等等。去年，也就是2016年10月，我从这家企业辞职出来，正式进了义兰。

其实在德企的这五六年中，我因为专业对口，本身也挺喜欢这个工作，干得还是很顺手的，公司领导也很重视我。在公司我从基层的一个维修技师一步步做到中级工程师，就在我决心要来到家族企业之前，公司已经申请了名额让我到德国去进行大约两个月的深造。当时在何去

何从之际，我和公司领导还有我的老丈人沟通了很久，最后还是下定决心出来，传承家族的事业。因为在我还在外企工作时，经常跟岳父到工厂，在这当中，我看到他们老一辈对产品质量的坚持和用心，尤其是那种做良心产品的认真态度深深打动了我。

在我还没接触义兰食品前，我对糕饼类的东西是不怎么喜欢的，因为经常听到社会上对各种食品的不信任的说法。可是，当我吃到自家产的糖饼时，就爱上了它。现在我们家里的早餐、零食还有茶配都是产自义兰的。我心里想，这么好的东西不能让它断了，我们应该传承下来。所以我跟妻子商量，我先出来，她仍继续在公司做事，过些时候再出来。我跟妻子在同一家公司上班，我们是在工作中认识并结合的，她学的是财务专业，不过在公司做的是文件控制工作。她也是一个非常能干的人，当时我们的宝宝即将出生，她不方便有太大的变动，所以由我先来协助家族企业。现在我们的女儿还小，还不到一周岁，等孩子长大一些，她也会出来一起做的。

让我先来传承家族事业，也是岳父对我的信任。他觉得我做事比较踏实吧，也比较能吃苦，在这方面比较有潜力，所以我还在外企工作时，他就经常跟我聊，希望我能来协助他。另外，有这个平台，我过去有意识地锻炼和经历没白费，都用得上了，现在最重要的是踏踏实实地去做。

我来到义兰时，一切从零开始，当学徒。前半年从细微的地方做起，比如选用原材料，什么样的面粉、猪油、花生油、绿豆馅、红豆馅是好的，都要自己去判断。我还从头学了敲（充分揉搓）馅饼皮，学习敲饼皮时所用油和面粉的比例搭配以及工艺和手法。之前我在外企是白领，西服穿得整洁正式，不时抱着个电脑在会议室之间穿来穿去。现在呢，我在店里穿着个围兜，戴着个帽子，浑身上下都是面粉地在那里敲皮。别人问我有失落感吗？我倒没觉得，反而还感到挺自豪。因为我敲出来的馅饼皮得到了店里阿姨的认可。她们说我这个饼皮敲得很好，比老师傅敲得还好，给了我很大鼓励。馅饼好不好吃，其中饼皮酥不酥很关键，义兰的馅饼皮都是人工敲出来的，所以好吃。现在制作馅饼的一整套工艺包括烤制我都基本掌握了,但是比精到还是老师傅们厉害啦。

当然了,掌握这些是为了了解生产过程,作为一个企业将来的传承人,这只是基本。我主要是花更多的精力去思考,我们这个老字号要怎么去产业升级,怎么去改型以适应社会的发展。熟悉产品工艺是为了了解我们的东西是怎么做出来的,这样我在跟客人介绍时才能非常自信地说我们的东西是什么样的;如果不懂,就会说不清楚,也难以让客人了解。半年之后,我就开始接触运营这一块,包括客户维护以及思考老字号义兰品牌该怎么去进一步提升,同时也不断学习,思考如何不断培养自己的个人能力和经商观念。现在,我是真正融入和爱上这一行了。

要说真正爱上这一行,与老丈人的言传身教有很大关系。我岳父很有人格魅力,很多东西他不是说,而是做。他也相信我是个聪明的人,看了之后就知道他要表达什么,所以我除了向他学习业务之外,还要对得起他的信任和期待。

我们到目前是饼三代,除了要传承古早味的做法之外,还要根据时代的步伐、趋势考虑如何去发展。现在是信息、互联网时代,我们不能拘泥于本地的店面了,我到义兰的第一步就是把淘宝糖饼店做起来,上架了。这一步迈出得很有意义,由于我们的品牌效应,网店一开张就有订单,目前销售得挺好的。我们的东西销售到了全国各地,甚至内蒙古、新疆都有。

前不久还有来自台湾的订单,这里头有一个令人嘘嘘的小故事。目前食品邮寄台湾非常麻烦,当时这位台湾客户非常执着,他一直跟我说:"老板,我非常喜欢吃你家的饼,我妈妈也特别喜欢吃,你一定要想想办法!"原来他们祖籍是厦门,来厦门探亲时吃过我们家的饼,勾起了乡愁,回台湾后一直念念不忘,说这是家乡的味道。没想到一盒饼还有这样的作用,于是我努力去寻找渠道,直到最近终于找到了一家可以运送的公司。邮费很贵,大大超过了馅饼本身的价值,但是这位客户还是十分愿意,吃到馅饼后非常高兴,对我们也一直表示感谢。台湾也是出产优质糕饼的地方,我们的饼还能飞越海峡去慰藉乡愁,这说明传统

的、古早味的东西就具有这样的魅力啊。

通过这件事我感悟到,一个老字号,是一个城市的历史缩影,它就有着这种历史的内涵,所以很需要我们年青一代来理解它、接受它并且传承它。因为上一代人都会老去,如果下一代不去传承,老字号就会消失,就会慢慢被遗忘,所以我更有这个责任感,不仅要传承,还要把这个品牌的知名度做得更高,产品销得更广。要做到知名度更高就要运用许多现代化手法,包括网络宣传等,总之一句话,做饼的手法要古早的,销售的模式要现代的。

做好一个品牌,会让人很有成就感,并为之去努力奋斗。今年9月初,金砖国家领导人第九次会晤在厦门举办,我们义兰饼店也风光了一把。那时加上中秋节即将来临,我们真是忙得不可开交。说来很有意思,那天有位客人来店里买饼,很平常的事,我们也没感到有什么特别,没想到我们的馅饼就出现在电视上了,而且大家还在节目中吃得津津有味。原米这位客人是直播节目的一位主持人,在金砖会晤之际,中央电视台和厦门电视台在厦门办了一档叫"央视表情包"的直播节目,由央视和厦视主持人共同主持和互动。厦视的主持人就把义兰馅饼带到节目中,并且介绍说这是厦门很有名气的馅饼,他请大家尝尝。节目中大家吃得很开心,都说很好吃。节目热热闹闹的,很接地气。

之后,就有一家叫金诚集团的公司的员工找上门来订货,一下子订了4000盒,作为会议的伴手礼。原来金诚集团于金砖会晤之际在厦门举行"西湖论金高峰论坛",这个论坛的规模挺大,有许多重要嘉宾出席,其中包括前外交部长李肇星、前工信部长李毅等,由央视主持人水均益主持。他们吃到了我们的饼,都说很好吃,这是我后来才知道的。没想到,这一下子起了连锁反应,这个会议之后,我们又陆续接到几千盒订单。哈哈,是金子总会发光的。

说到今后的发展,我是这样想的:义兰这个品牌目前在厦门基本上是家喻户晓了,但是有点遗憾的是外地游客或者是来厦出差、开会的人还并不很知道义兰的饼有这样的质量和内涵。前些年,义兰曾经在鼓浪屿开过一家分店，可是经营状况不是很好。鼓浪屿上的本地居民已经很少了，来来往往的人基本上都是外地游客。游客们不了解厦门馅饼的品牌，大都注重外包装，包装时尚漂亮的就卖得好；而义兰注重内在，包装比较朴实简约，所以生意不理想，之后我们将那家分店撤掉了。前不久我随厦门市文化创意产业协会去台湾进行这方面的考察，参观了不少观光工厂，一路上经过考察和思考碰撞出的火花，给了我很大启发。我和岳父商量着也应该要往这方面发展，岳父思维新潮，很支持这个理念，觉得会有很好的市场前景。观光工厂目前在厦门很少，做糖饼的几乎没有，而义兰的馅饼本身是很好的东西，在厦门知名度很高，如果能通过观光工厂的形式再加以宣传推广，会是一个很好的发展机遇，这也是产业的升级与改革。因为我们现在还是一个街坊店的形式，如果开启了观光工厂，那就上了一个层次了。最近我也在与一家生产好茶的公司谈合作，我们想寻找一个比较好的场地，就是人流量比较大的地方，共同开设一家好茶配好饼的开放式体验工坊，客人们可以在工坊内亲自动手做馅饼，调香茶，然后在香气四溢的环境中坐下来，慢慢享用自己的劳动成果。台湾这方面做得很好，很受欢迎；在厦门做观光工厂，好茶配好饼是个好概念，想想那个场面，自己都很兴奋，如果受欢迎的话，还可以复制推广。厦门是个旅游城市，游客众多，他们来到这里，看到了好的风光后，自然也会想带一些最有当地特色的好的产品回去，那怎样让他们了解或者相信什么是好的特产呢？开放加体验，亲临现场是最好的办法。相信客人们看到义兰所用的原材料、所用的烤制馅饼的方式，闻到了那诱人的香味，一定会信服，会购买的。我到台湾考察时就有这样的感受，所以今后一段时间我会在这方面加把劲。

此外，一个老字号的传承，不单单是靠我们自己，还要有好的团队。现在义兰这个队伍中，年轻人比较少，员工年龄普遍偏大，所以我在考虑与一些院校合作，找一些好的苗子充实人才资源，并且培养搭建一个团队，为今后的发展，比如说为建立观光工厂或其他的发展变化打下人才基础。

厦门市释仔街 99 号"王厝"的历史风云

口述人：王欣欣（王家第二房第四代）、陈伟雄（王家第四房第五代外孙）
采访人：朱志凌
采访时间：2015 年 12 月 9 日、2015 年 12 月 20 日、2016 年 5 月 3 日
采访地点：释仔街 99 号、103 号

白礁王家——王审知的后代

王氏家族历史悠久。据史料得知，王氏源自河南光州固始县，唐末"王家三龙"（审潮、审圭、审知）入闽建立闽国，王审知受封闽王，成为王氏开闽始祖。元末明初，闽王十四世孙王际隆居福州南台。

王审知（862—925），字信通，又字详卿，河南光州（今河南潢川）固始人。五代梁开平四年（910 年），梁太祖加拜审知中书令封闽王。五代十国在中国历史上呈分崩离析的局面，但在偏安割据的福建建立闽国的王审知，治闽实行"保境安民"政策，整肃吏治，减轻徭赋，省刑惜费；注重生产发展，鼓励垦荒和兴修水利；积极发展海外贸易，开辟甘棠港，"招徕海外船估"；兴办学校，礼贤下士，招纳中原名儒硕士，使教育事业超出门阀子弟而推广到民间。此外，还两度拓疆。因而在他统治时期，福建经济、文化由一向落后走向繁荣，出现了"时和年丰，家给人足"的景象。故他被后人称为"开闽王"。

（摘自网络）

思明区中华街道"外清王",开基祖王国珍(国蔼),王审知后裔,系今龙海白礁王氏十六世(臣)孙。生于清朝中期。官名王瑞庭(享年五十八岁),清诰授奉直大夫,诰封通奉大夫,晋封资政大夫、振威将军。生八子:家赞、家椿、家彬、家忠、家驹、家口、家煋、家炎。已繁衍八代近600人,不少后裔旅居世界各地。

王瑞庭原葬地点在文灶山,占地面积约三亩,因国家建设征地,迁葬金榜山。后因建金榜山公园,骨灰葬薛岭公墓。

外清王祠堂原址在大中路,灯号"太原",堂号"和安堂",字辈为"国家隆盛,显祖荣宗"。再续"孝善为本,崇德传世"。

王文德(家忠),字蔼堂(享年五十岁),清代同安县厦门外清人,祖籍今龙海白礁。家庭富有,与父国珍居"中王"。14岁赴海外谋生,在越南十余年,与家椿、家彬、家煋各树帜越南、菲律宾。经营米绞业,开侨界工业之先声。在越南期间,同营米业的老乡陈某,因通货膨胀,商品价格暴跌,产业倒闭,忧伤而死。身后欠债无数,索赔偿者将其告上官府,文德倾家为其斡旋了事,陈氏孤寡得免诉累,侨界无不嘉赞。光绪三十一年(1905年),清废除科举,各地纷纷建立学校,而厦门还没有。文德深感遗憾,即慨捐银万两及产业一座支持创办厦门中学(现厦门一中前身),其为厦门教育事业的贡献,将永载史册。

王迪臣(隆惠)(1889—1969),清代同安县厦门外清人,祖籍今龙海白礁,王文德之三子,邑庠生,清秀才。民国厦门市文献编纂委员会委员,曾任厦门市图书馆管理员,晚年居香港,享年八十八岁。

(摘自王家海外后人传来的资料)

王欣欣:开闽王王审知进福建后,最早应该是进入福州,福建有很多地方都有他的足迹。到闽南时,他是先到同安等地,所以同安也有较大的王氏家族。白礁王应该是王审知的第十四代际隆公。他从福州下来,到了白礁。白礁现在也没有族谱了,"文革"时期给烧了。厦门姓氏协会的那本精装本《王氏家谱》是厦门王氏宗亲会的。

厦门的王姓是从龙海白礁传来的,白礁那边都是姓王的,当时青礁和白礁没有分开,后来才分开的。但我们祖先的墓碑上写的是青礁,所以只能记成是青礁的。如果现在去青礁,找不到姓王的。青礁肯定不是从白礁分出来的,因为白礁以前属于泉州同安,青礁属于海澄。1957年,青礁划归厦门。

现在的龙海其实就是以前的龙溪海澄,当时把两地各取一个字,就叫龙海市。我们的户口本都写海澄。如果根据家谱上写的,则是福建省海澄县青礁社。但是海外的亲友寄过来的一些资料也有说青礁的,也有说白礁的。在白礁跟青礁接近的地方,有一个界碑,是光绪元年(1875年)立的。不排除我们家族产业跨越地区边界的可能。这个界碑,现在已经被埋起来了,但是我有一张完整的界碑的照片。

厦门王氏家族

王欣欣: 我们的开基祖,也就是我的太祖叫王国珍,是厦门王家的第一代。根据墓碑,他是奉直大夫、通奉大夫、资政大夫、振威将军,这是封的。

这个是我们祖先的墓碑,现在墓不在了。很早的时候,墓是在文灶,在金榜公园那一带。金榜公园重修的时候,他们通知我们去收拾。那时候不像现在这样,提前通知,让家属有准备,有办法安顿。他们就是直接把墓都推倒了,把骨头装在一个瓮里,然后才通知我们去交钱,再把骨头拿到别处去埋起来。

这是一九九几年的事情,我去的时候,墓碑已经倒在地上。我当时也没有思想准

开基祖瑞庭(国珍)墓碑

备,只拍了几张照片,也没有这种意识,加上能力也不够,所以没有把墓碑收起来。我现在很后悔当时没有把墓碑留下来。墓碑上名字不是王国珍,而是王瑞庭。这个墓碑上还记载,是光绪三十年(1904年)重修的。

墓碑上写着"北辰山,外清王"。北辰山,应该是指从北辰山来的。外清王,应该是因为我们这个地方原来有个外清宫,这一片也叫外清路或者外清巷,所以我们王国珍这支脉就叫"外清王"。

但是我们的祖先是什么时候去世的?这个就无法考证了。因为墓碑上只有重修的时间。墓碑是家族的最好证据。如果只看这个,还不敢说王瑞庭是我们的开基祖,因为我们口口相传的祖先是王国珍,可是墓碑上是王瑞庭,所以还要根据字辈来证明。他还有一个名字叫王琦亮,这个名字在房契上出现过,经过考证,确定就是先祖王国珍的别名。以前的人有族名、官名、别名,还有堂号等,这些都要经过仔细考证才能确认。龚洁就给我写过这样一个条子:"此墓碑字迹清楚,不一定同安志有,才可进入族谱。现新编家谱应该进入,这是有益的事,这是很可靠的王家证据。"

王氏家族的墓碑(王欣欣/提供)

"原籍山西太原,诸侯霸道,奸臣逆道,遍地烽火,满目疮痍,忠臣纷纷避乱。家高曾祖因避苛政,携妻带子移居福建省海澄县白礁村,置业建屋,世代书香,事后兄弟分居,各立门户,家祖父官至朝中……"这就是我们王家现在找得到的最早的记录。从这里可以看得出来,最早的时候,先祖是因逃难而到此的。

当年他们是先到白礁或青礁一带,然后才迁移到鹭江道思明地段,择地建屋。迁到这个片区的,也就是我们家的先祖王国珍,他是青礁外清王第十六世。

以前是可以买官的,王国珍生意做得不错,所以捐了一个骠骑将军,这个是武官,还有一个二品大夫,等于文官武官他都有。

我们家族的字辈,是"国家隆盛显祖荣宗","国家隆盛"下面那些还没有出世,所以就没有写了。开基祖王国珍是整个王氏族中的第十六世,是"国"字辈;他的下一代,是第十七世,"家"字辈。王国珍生了八个儿子,民间说的"和清宫生八子",说的就是我们家。这八个儿子分别是:王家赞(长子)、王家椿(次子)、王家彬(三子)、王家忠(四子)、王家驹(五子)、王家口(六子)、王家烽(七子)、王家炎(八子)。

陈伟雄:开基祖王国珍先在外清宫这一片盖了房子,就是现在的释仔街 99 号这片,当时只盖了三进大厝。后来生意失败,把房子典当出去了。第四个儿子王家忠把生意接下来做,又把房子赎了回来。赢回了资产,成为这片房产的主人,就是后来的"中王"。

史料里记载,王文德就是王家忠。他们上一辈一个人有三四个名字,如果换成外界的人,都会搞不懂。

王家忠当时是做大米生意的,他在越南开设了安南米行,从事碾米业。后来,这个生意做到泰国、菲律宾等地。我们不仅碾米,也买地,种稻子。洋人没有碾米技术,所以我们把中国的碾米技术带过去,很受欢迎。当时越南和泰国都是产大米的国家,碾米业很兴旺。我们的祖先就这样发展起来,当然也有从事其他的商业。

王国珍的第二个儿子，
王欣欣的爷爷王家椿（王欣欣/提供）

王家忠的第三个儿子
王隆惠（王欣欣/提供）

我们这个家族以前在厦门算是名门望族。如果按照家族这个脉络理下来，人很多，算不完。我母亲的爷爷王家忠，掌管这个大家庭以后，生意都是他在做。他赚了钱拿来养活这一大家子。当时家族已经有在上海做生意了。王家忠的第二个儿子，就是我母亲的爸爸王遥城，就在上海做贸易。家族产业由王家忠三个儿子所有，三个儿子都有继承权。老大叫王守城，老二叫王遥城，老三叫王迪城。老三很早就死了，死的时候才三十多岁。但他有三个儿子，是我母亲的爸爸王遥城把他们带到上海去培养，现在他们都在上海。

所以我们还算是比较有威望的一房。虽然我们这一房没有出丁，但后来到了新社会，男女平等，都有继承权，所以我们现在才能住在正厅。

王家当年的生意做得很大，很出色的。以前王家忠在鼓浪屿也有家产，很大，还专门有山洞放金银财宝。当时鼓浪屿上的产业在升旗山下，后来那块的房子被部队征走了。

王欣欣： 王家忠接手生意，做得很不错，因此家族产业越来越大，但是他也经常捐钱帮助有困难的人家。听说当年在越南的时候，同样经营米业的老乡陈某，因为市场形势不好，整个产业倒闭，以致忧伤过度去世。他欠下了一堆债务，那些债权人要把他的家人告上法庭，王家忠

可怜这户人家,毅然为这户曾经的同行人家捐钱,把欠款还掉,让那个家庭免于被告。这个举动在越南产生了很大的影响,大家纷纷称赞王家忠为乡亲解难的行为是大善之举。

不仅如此,王家忠还乐于助教。以前建文屏书院,也是他拿一万两白银去捐赠的。我们家族给厦门很多学校捐了很多钱,还捐助南普陀,捐赠到南海进香。以前那边的柱子都有刻字记录的。其实厦门的市志记有很多我们王家的事。这可以看出很多历史事实。

家族里有好几房都出了优秀的人才。我们有一个亲戚是第八房的,他的孙子就在集美大学盖了一幢楼,叫景祺楼。

我们家族太大,每一房都有好多人,数都数不过来。现在住在正厅前面的那个婶婆,她的公公也是十个兄弟,是四房里的第三房,也就是王迪城的后代。家族太大,后代里也是良莠不齐。

后来上海的生意没了,家族就慢慢败了。没人赚钱养家了,有更多的后代去了海外各地。可是有的就这么坐吃山空。以前我们鼓浪屿多少房子啊,到抗战的时候没办法,都被占走了。人多,就是没办法统一。

我们王家的后人大部分在海外,世界各地都有。八个房头的后代有多少?算一算有上千人了。看看当年我六叔结婚时的照片,里面已经有不少人了。

王欣欣六叔结婚照片(王欣欣/提供)

王家婚事（王欣欣/提供）

释仔街 99 号——"上王""中王""下王"

释仔街王厝坐落在中华街道释仔街 99 号，建于清代的砖石木结构闽南传统红砖民居。现为三进双护厝，全部为马鞍脊。大埕铺有花岗岩条石，主厝立面墙裙以下为花岗岩条石筑砌，上部为斗子砌墙，水车堵为花鸟彩绘。王厝是中华街区现存面积最大的传统民居建筑之一。

（摘自《厦门红砖民居》第 47 页）

释仔街 99 号（七喜/航拍）

陈伟雄：国民党时代都以"保"来分地域，我们这片就叫外清保。这条路又叫释仔街，因为路口有一个顶释寺。祖屋在外清保释仔街顶释寺。顶释寺以前也是属于我们王家的，现在香火还挺旺，后来有扩大一点点。

现在的中华街道片区，有四仙街、释仔街。这里有王家最早择地建的三进大屋。

我们最早建的房子就是现在的王同善堂，门牌号是 99 号。这里基本是路口，前面没有那么多房子。所以，我们的门牌号不是从 1 号开始算起的，而是先有我们这个 99 号，然后周边的住户才开始以这个号为基础，慢慢地为门牌号排序。当时建房子的时候，祖先定了这个门牌号，是为了讨一个吉利的数字。后来的群惠小学是 103 号。99 号和 103 号中间还有一个 101 号，近年来拆掉了。一开始就没有 1 到 98 号，后来慢慢有了 95 号和 97 号等。

把自己的房子定为 99 号还有另一个讲究，即建房子的时候，建了 99 个门、99 扇窗。

附近有一条盐溪街，听说以前有一条溪从这里过，到白鹿洞可以从这里过去。盐溪街那边也有很多民国时期的名人故居。我母亲的奶奶叫欧阳桢，是欧阳千的妹妹，她也是厦门的金石和书画大家。欧阳桢的工笔画好，她哥哥的书法更好，也是历史上有名的书画大家。欧阳千的《阳台夕照》很有名。欧阳家出来的，也都是早期的文化人。

王欣欣：我们的祖屋曾经因为生意失败被典当出去，后来被开基祖的第四个儿子王家忠赎回，所以产权是王家忠和他的后人的。

王国珍的第三个儿子叫王家彬，他去菲律宾创业，也很成功，回来紧挨着原来的祖屋也盖了一片房子，就是现在镇海大厦的那一片。当时管那一片房子叫"上王"。人们就习惯称祖屋这边为"中王"。"下王"在现在的群惠小学旁边这一排，是王国珍的第五个儿子王家驹建的。后来下一代没照管好家业，房子倒了一点，他们干脆把房子卖掉了。原来全部是古屋，就是闽南风格的房子，倒掉了非常可惜。

后来人们就用"上王""中王""下王"为名来称呼王家的一大片产业，统称"王厝"。以前上、中、下王是连在一起的，包括门口这些路都是。曾经还有戏班、轿班、马班等，还办有私塾。单单这些人住的就占好大一片地方。当时的戏班人也不少，轿班是专门给族人抬轿的轿夫，马班是马车夫。这些工人全部住在家里，就是住在我们现在大门对面的那一片。

王同善堂就是最早的老宅。我现在住的这个地方，在王同善堂之外，跟王同善堂没关系，是王国珍的第二个儿子王家椿（我爷爷）自己建的。

这个地方，包括后面一大片，是我们二房自己置业的。一般是这样，各个房头如果继续发达了，就在四周自己发展。海外的后人还保留了一些老宅的照片。这些照片都是他们寄过来的，是拍照后打印的，不是原件，原件还在海外。

王同善堂——厦门曾经的"大观园"

王同善宅——位于思明区中华街道仁安社区释仔街，建于1870年，闽南传统建筑。坐西南朝东北，建筑规模较大，总面宽40米，通进深33米，面积1320平方米。主体前、中、后三落建筑，左右各两列护厝，其中右外护厝现存前段三落及后段，左外护厝现存三间建筑。除第三落后界为叠顶两平脊外，其余均单条平脊，马鞍形山墙，硬山顶。前落面阔3间，进深1间；中落面阔3间，进深2间；后落面阔9间，进深1间；左右内护厝面阔6间，进深1间。右外护厝后段面阔3间，进深2间。其余的左右三落建筑均面阔2间，进深1间。此宅装饰较为精美，如门上有螭龙、花卉、博古器物、几何绞等木雕，水车堵上有彩绘山水画和螭龙绞灰塑，门的两端墙体上有"平安富贵"的彩绘画，院内有几何绞砖拼成的透空墙。

（摘自《厦门闽南红砖建筑》第38页）

王欣欣：释仔街 99 号的老宅，建于道光八年，也就是 1828 年。1958 年办理的房产登记，产权人是直接写着王同善堂。按房契来看，像是直接给人买了房子来的。但是我这里也有一些其他的资料，说是自己建的。现在不能确定这房子是建的还是买的。按照房契，这片是王家忠的房子，因为是他赎回来的。

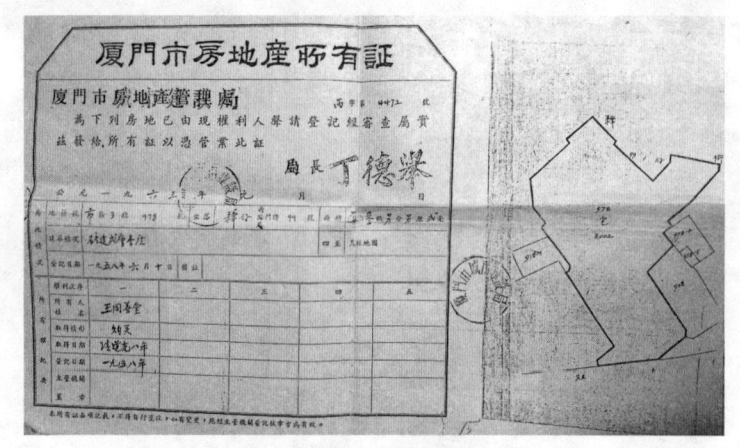

新中国成立后的房契（陈伟雄/提供）

王同善堂是四房王家忠的堂号。按字面上的理解，"同"就是大家在一起，"善"就是与人为善。王家有八个兄弟，每人都有自己的堂号，我爷爷王家椿的堂号是王永福堂。

我们曾委托律师去房地产管理局抄来一张房契，因为我们无权去调档，所以请律师去。抄出来的内容大概是这个意思：因为祖业出典未断，由王同善堂□□，今后如果出卖或者其他变更，须征求王琦亮（即王国珍）派下八房头同意。就是说，这个房子如果有变更，一定要征得王国珍八个儿子的同意。因为其兄弟八人很团结，赎回以后，由大家一起居住。

这个就是王同善堂原来的布局，原来有 3000 多平方米。这张是印尼那边寄过来的，是很早以前画的。

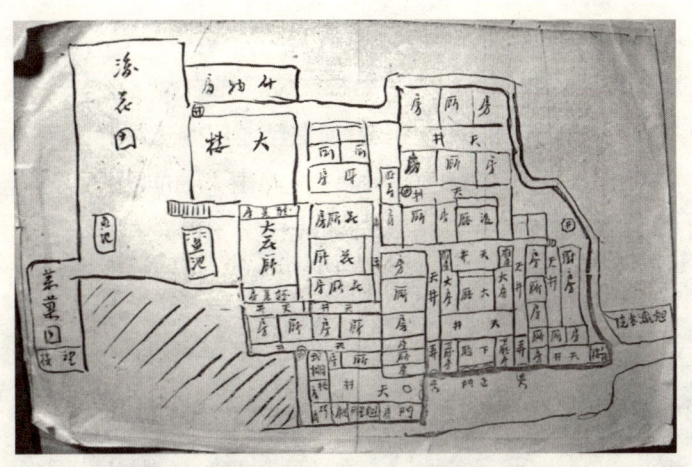

海外亲友凭记忆画的老宅图（王欣欣/提供）

这种大家族，除了房子之外，还有后花园。这张是我凭印象画的，大门在这里，从释仔庙走进来的这个地方是大门。群惠小学原来就叫复华小学，这条路叫马箭巷。看地图，门在这边。2000年市府大道扩建，这条路给堵死了。镇海路在这边，双十在这边。这张是比较新近的图。

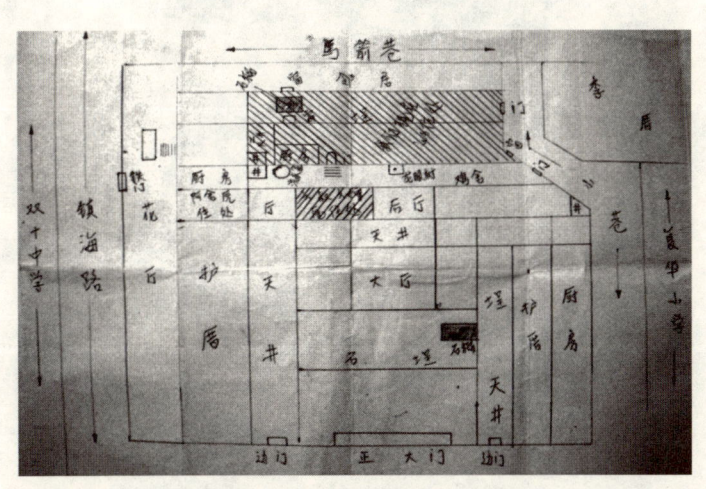

王欣欣画的老宅图（王欣欣/提供）

以前如果小偷进来,是跑不出去的。现在拆得乱七八糟的了,如果你看过《红楼梦》,我们里面的布局跟红楼梦里的大观园太像了。有雕梁画栋,有金鱼池,有书亭,有花园,现在已经切掉一大半了。

　　当年的照片是非常多的。包括一些外国人拍的照片,那些照片现在很旧了,有的快破了,由一些老人家收起来。我见过这些照片。

院墙相通,精美无比(朱志凌/摄)　　　　护厝的马背脊(朱志凌/摄)

门扇上的精美雕刻(朱志凌/摄)

细腻的木雕1（朱志凌/摄）

细腻的木雕2（朱志凌/摄）

细腻的木雕3（朱志凌/摄）

细腻的木雕4（朱志凌/摄）

陈伟雄："王厝"原来有三亩两分地，以前有4张房契，现在缩减了很多。镇海路那边修路切掉了一块，到修镇海路时，又给砍了一大块，花园就没有了。现在大概只剩1800平方米。原来每个小院都有亭子，大亭小亭，都有深井；包括旁边护厝，也都有深井。每个小院子都有前后花园。当时人笑称，我们家的花园比房子还多！

仅存的井（朱志凌/摄）

现在护厝耳房墙上还留有一块早年的石碑，上面写着光绪五年（1879年）的字样。如果没有主人指点，外人很难找到这块历史悠久的石碑。像这种石碑和原来房子里的一些雕花，都坏掉了，剩得不多了。有的经过修理，都模糊掉了。将近200年的房子，从道光八年（1828年）到现在，只剩下正厅的前后三落大厝和两边的厢房，后面那边还有

镶在护厝墙上的光绪五年（1879年）的石碑（朱志凌/摄）

一些比较小的小院落。以前这些房子都是连着的,可以穿来穿去,小时候在里面玩,就是这么跑来跑去的。所有的门如果都开起来,那就是都相通的。以前还有后花园、假山,洋行那边,叫花厅,是比较晚盖的。

这是第三进,包括两边的厢房,中落算正房,有中轴线。其他部分就没规则了,旁边还有一些房间,还有门口。房间倒不是太多,但是院子很多,到处都是院子。

门厅和中落之间的院子(朱志凌/摄)

院子里精美的装饰(朱志凌/摄)

镂空的院墙(朱志凌/摄)

由小门相通的院子(朱志凌/摄)

以前的大户人家家里的各种陈设和器具很多,像佛龛就有好多,可惜"文革"时被毁掉了。房子里的所有家具都是花酸枝的,跟房子的历史差不多久,也算是传家之宝。小偷也来偷过,有些东西是扛不出去的,但更多的摆设、配件都被偷走了。

祖先留下来的佛龛（朱志凌/摄）　　贵重的红木家具（朱志凌/摄）

与以前一样的中厅陈设（朱志凌/摄）

　　清朝时我们家是有族谱的，很大一本，现在还在，但很破了。很早的时候，族谱在我母亲手里，后来我母亲说，谁辈分最大，就放在谁那里。当时最大辈分的是我母亲的叔叔，族谱便放到我母亲的婶婶那里，因为不识字，不会管理，所以没有保护好，后来更没有办法去续修了。

　　王家忠有三房儿子，他们有的住花园，也是后来盖的。后来给中旅社征用，建了宿舍了。王家忠死后把家业传给自己的第二房，就是我母亲的爷爷。

　　现在我住的就是正厅，前面的门厅里还有一位婶婆在住，她是王家忠第三个儿子的太太。现在只有她一个人住在这里，算我们中辈分最大的。她虽然辈分最大，但其实比我母亲还年轻。

　　我母亲生了一个女儿三个儿子，现在只有我在这里替我母亲看房子。她住在养老院里，去之前母亲交代我，要把这个房子顾好。有的大家族，后人不管房子，房子就慢慢坏掉了。

我以前住在我们家在中山路的一处房产,在旧《厦门日报》社、新华书店附近。那房子在巷子里,现在租给人住了。后来我母亲的二奶奶,也就是我母亲爷爷的二房,年纪也很大了,她没有孩子,就把我母亲当成自己的孩子。她跟我母亲说,要回来住,帮助把房子整理一下。以前房子借给我二祖的亲戚住,后来赶不出去,就打官司才把房子要回来。我们这里好多房子有这种情况。以前政局动乱的时候,怕房子太大被人占去,就叫一些朋友亲戚来住,来住了就不出去了。请不出去,只好打官司,才把房子要回来。

我有一个哥哥一个弟弟一个姐姐,那时候全家都回来住在这里。但是其他兄弟姐妹后来都搬走了,只有我还在这里替我母亲看房子。

我住在这里,要保护这个古厝,责任还是很重的。这附近很多老房子有好多故事,都是民国时期一些名人的住宅,但有些后代没有能力维修,房子老化,都坏掉了。其实真希望能学鼓浪屿,业主搬出来,由政府来保护,修旧如旧,维修得很漂亮。

我们这座老房子,就是这块保护得最好的。这个房子还很大,维修费用每年要花不少,你看现在下大雨(第一次采访那天正逢 2015 年 12 月份最大的一场雨),就到处漏。这房子现在都是我在修,压力很大。我现在住的中落正厅,没做吊顶都不行,上面积满了灰,会往下掉。下雨漏雨,就是因为上面的瓦片年头长了,破了,裂了。修理不仅要花很多钱,还要花很多心思。以前要到处去捡旧屋瓦来修,因为要修旧如旧,太痛苦了。现在要请人修也找不到会做这种房子的工人。每年都很麻烦,材料不好找,我们都要跑到集美、同安去找材料。现在农村也建别墅了,那些老房子的材料没地方找了。

但是一直修一直修,一些旧的东西也会修没了。像这个护厝,也是屋顶塌下来以后,我们再倒水泥板;如果比较小间的,屋顶都得换。

现在有些人在研究古厝的保护。这真的是一个大问题。房子还是要有人住才会好些。我们也租了些出去,不然没人住更不行。但是租出去的那些地方如果有问题,比如漏雨,也得我去修。有些人不懂得修

理和维护，把老房扔着就不管了，房子就慢慢没有了。

其实老房子还是有好多人感兴趣的，像我们这里，经常有人来敲门，说要进来看看，有外省来的人，也有外国人，像日本人等。他们很喜欢来看老房子，进来拍些照片。也有些人想来买这个房子，北京就有好几个人来谈过这事，后来也有说过租的事情。北京现在的老四合院，一平方米卖到几十万元。但是北京老四合院已拆得快没了，只有一些老人知道这种房子是宝贝。

鼓浪屿也有很多的名人，他们的故居都给保护下来了。厦门老房子就是要走鼓浪屿的路，按鼓浪屿的方式去保护。

原来我们多么大片的房子啊，现在给拆得没剩下多少了。开马路的时候也拆，还拆了两次，第一次没有全部拆完，第二次就全部给拆完了，后来路开成了，就是现在的镇海路。拆的这些是大房名下的房产，所以是跟大房签的协议。大房有 10 个孩子，力量比较大。他们的房产被拆以后，下一代就都住到洋房里去了。

王家在厦门曾经辉煌过，子孙也开枝散叶，遍布世界各地。如今留下这座老宅，其实是见证了一个家族的历史变迁。我们也在慢慢寻找海外的王氏后人，也找到了一些，他们也陆续寄回来一些记忆中的老宅资料。我们也正在努力地整理家族的历史资料，争取把族谱续下来。

我们有一个想法，国外的后人也很愿意，就是把王同善堂规划好，做一个宗祠，他们也愿意出钱。如果王家的后人能够齐心协力，一起把老宅规划修整好，那不仅是留下了王家的遗产，也给社会留下了珍贵的古建筑。

王家的后人中，也有些很优秀的，这点可以让前人欣慰了。整个家族不仅在早期对族人、对社会都有贡献，就是在现代，也是有贡献的。比如王家八个房头，现在人口最多，事业做得最好的是第八房。八房的王景祺，在集美大学建了一个景祺楼。他爷爷是王国珍的第八个儿子。他还以王瑞庭的名义，在集美大学建了一个王瑞庭奖教基金，还在诚毅学院设立了航海学院的奖教基金。

我一直有一个心愿,就是办一个王氏宗亲恳亲会。我也到印尼、新加坡去找王氏宗亲,找到很多了,他们也有回来,希望有一天能办成。

我们这个当年很辉煌的家族,如今散在四面八方。很多资料也流失了,我正在努力寻找,分散在各地的亲友们也在努力收集。我们也希望能筹集到一些资金,把祖屋修缮起来,让这个厦门曾经的"大观园"重现风采。

一甲子的变迁

——中山路西段老住户的回忆

口述人：蔡美钦、何惠珍、林庆添、欧阳周
采访人：陈秀芹、王毅君
采访时间：2017 年 11 月 18 日至 12 月 22 日
采访地点：中山社区文化活动中心、中山路 1 号、中山路欧阳璜摄影展厅

【口述人简介】

蔡美钦，出生于 1934 年，居住在中山路 1 号 B 楼。

何惠珍，出生于 1940 年，居住在中山路 1 号 E 楼。

林庆添，出生于 1940 年，居住在梧桐埕 15 号。

欧阳周，出生于 1957 年，出生在中山路"美的照相馆"，一直生活在中山路西段。

【内容简介】

中山路浓缩了几代厦门人满满的记忆。20 世纪初，中山路一带还是小渔村的小马路；建起堤坝后，20 世纪 20 年代中期，南洋华侨纷纷把钱款寄回厦门，在中山路一带修建房产、购买店铺。中山路一带长期以来都是厦门的商业、金融中心，从宾馆、旅社到医院、报社，再到五金、水暖、理发店、照相馆、小吃店，应有尽有。老住户们亲身经历了中山路半个多世纪多个历史阶段的变化。

都是中山路西段老住户

蔡美钦：我今年84岁，从1957年开始住在中山路1号，已经一甲子，整整60年，就是没挪过窝。

何惠珍：我今年78岁，从1962年开始住在这里，已经住了55年，也是没有再搬过。

林庆添：我今年也是78岁。我2岁就来厦门了，母亲背着，从惠安来。那时是战乱时期，日本鬼子侵略福建，百姓生活相当艰苦，没有吃的，到处逃难。我来厦门后，一直是住在鹭江道海口、旧路头、中山路附近一带。

欧阳周：我就出生在中山路，今年60岁，一直居住在中山路西段。早年是住在我们自己家"美的照相馆"三楼，公私合营后，时任厦门市长李文陵特批，我们家住到了马路对面（北面）的房子。父亲没有留下金钱，留下的是几千张从20世纪20年代初到60年代末的珍贵照片，包含了丰富的人文、历史信息。

曾是滩涂，筑坝抵御海潮

蔡美钦：我们这栋中山路1号靠近鹭江道。20世纪初，是一条窄窄的小马路，中山路路口距离海边只有100多米，去鼓浪屿的渡口就设在中山路路边。

欧阳周：20世纪初，中山路靠近海边，像一片滩涂，潮水一涨就是海，潮水一退就是一片淤泥。

原先鹭江道没有堤坝，之后曾经两次修筑堤坝，都是用木头做桩，建堤坝，但遇到台风大潮，堤坝就都崩塌了。所以1931年，改为对世界招商来承建。通过竞标，荷兰一家公司承包了这个工程，并在1932年

大功告成。鹭江道这一整段堤岸，直到今天仍然很牢固，很壮观。

荷兰人本身很多国土都在水平面以下，他们修建这种堤岸很有经验，用混凝土做基桩，并且在堤岸内侧填土，内侧也用了很多钢筋混凝土桩。所以鹭江道沿线的这些堤坝，历经很多年，到现在仍然很坚固。

华侨投资，在中山路建房置产

蔡美钦：开元路是厦门第一条路，大同路是第二条。后来大同路太过繁忙，因为路面很窄，又弯曲不直，不适合走汽车，又要走三轮车，走自行车，走人，非常挤，都堵住了；于是就开辟了中山路，中山路比大同路宽阔。

欧阳周：20世纪20年代中期，南洋发生经济风波，华侨纷纷把钱款移回唐山，移到厦门，在中山路一带修建房产、购买店铺。

中山路1号、3号、5号、7号、9号、11号、13号、15号等连续8栋楼是当时的业主邱心得，在1929年开始建造的。

何惠珍：中山路1号连着的八栋房子于1930年盖好，业主家庭有很多人，相传妻妾成群，还有很多奶妈、佣人。邱心得管教有方，家庭和睦，子女孝顺。儿女都读了很多书，有文化。

除了自己居住，他们的店面还租给人家做小商铺、小作坊。

欧阳周：到1956年房子被改造，当时还付给业主少量的定息。1966年"文革"时，房子被充公了，就没有定息一说了。

蔡美钦：这8栋楼，起初都只盖四层楼，当时城市管理很严格，限制只能盖四层，窗户稍微凸出去一点都不行。由于业主一开始就把房梁都加固了，把水泥板加厚了，所以1962年房地产管理局又来加盖了一层，整体上一点质量问题也没有。

过来人应该都有印象，大约20世纪70年代之前，中山路（靠海那一端）马路中间有一座地下碉堡，是1949年前建的。之后在上面修改，地下碉堡成了一个交通指挥岗亭，直径大概 2.5 米，高度大约 1 米，在岗亭平台侧面，焊了几条钢筋当梯子。交通民警蹬几级钢筋，就上了岗亭，指挥交通。

欧阳周：借助这张照片，大家可以看到当年这个岗亭的模样。这是我父亲拍摄于 20 世纪 40 年代的。上面贴了很多广告单，也包含了很多信息。

贴满广告单的碉堡

何惠珍：这个岗亭大约在 20 世纪 70 年代拆掉了，好像是它正好在路中间，拆了更有利于交通。

20世纪20年代华侨投资兴建厦门自来水工程

何惠珍：中山路1号斜对面（南面）鹭江道边，于20世纪80年代初建了国际银行。这个点原先是自来水公司。当年打地基时，很重视质量，知道这里的地基软，所以钢筋混凝土桩打得很深很深。我们当时住在附近，觉得很吵。

蔡美钦：自来水公司是20世纪20年代建造的。

欧阳周：自来水厂是华侨黄奕住等人造福厦门人民的工程。黄奕住是有名的爱国华侨，民国十五至十六年（1926—1927年），他被选为厦门市商务总会第八届会长，民国十七年（1928年）任商务总会最高领导，即第九届主席。

蔡美钦：以前厦门是孤岛，没淡水。那时候有人用小木船，从龙海海澄载水来厦门，停靠在第一码头一带。有的老百姓就专门从船上买了水，然后挑去卖给人家。现在的第八菜市场里面有一条巷子叫"担水巷"，它的名字就是这样来的。

林庆添：因为水从内陆来，沿途经过船啊，桶啊，运输啊等等的影响，水总会受到一些污染。另外，船运来的淡水是有限的，所以绝大部分人家，特别是贫穷人家，用的都是井水，又咸又硬，洗衣服都会发硬，洗不干净。

欧阳周：根据黄奕住最小的儿子、今年81岁的黄世华和小儿媳郑大明最近的回忆，即他们在中央电视台最近制作的《一带一路》"绝对星任务"《我家住在鼓浪屿》节目里有说道：当时厦门每年都会因为饮水的问题，死亡几百人乃至上千人。

所以20世纪20年代，黄奕住作为南洋印尼的四大糖王之一，赚了钱，就想着为厦门做一些基础建设，包括自来水、通信工程等。

他联合几位爱国华侨出资，请人勘察地形，选择上李修建水库，铺设管道，从那时候厦门开始有了自来水，结束了从大陆用小船往厦门载水的历史。

在这个基础上,1949年后政府又逐步普及自来水,大约在20世纪七八十年代,基本上家家户户都用上自来水了。

我这里有当年位于鹭江道的自来水公司的照片,是我父亲拍摄于1952年的。他讲究艺术效果,想把它拍摄成船的模样,特意等船即将开到岸边,才按下快门,取得美的效果。

位于鹭江道的自来水公司

中山路长期是厦门商业、金融中心

蔡美钦:中山路1号对面的第一间是中山路2号,华侨银行,听名字就知道是华侨合股成立的。1949年10月解放厦门时,有炮弹从嵩屿那边打过来,打到华侨银行的三楼,打得一个窟窿一个窟窿的,看得很清楚。

林庆添：其实，这里1949年之前是厦门银行，国民党印金圆券的地方。临近解放的时候，物价飞涨，金圆券很不值钱。

何惠珍：新中国刚成立的时候，一万元相当于后来的一元。

林庆添：中国银行在华侨银行的东边，当时这里是中国人民银行，不是中国银行。

蔡美钦：当时这里是金融中心，是钱库，我们经常看到楼下一大车一大车的钞票，由解放军押车。后来中国人民银行搬走，这里才成了中国银行。

欧阳周：整条中山路上，还有多家银行。

林庆添：华侨银行和中国人民银行之间有一条小路。新中国成立初，小路里有一个"中苏友协"。这个"中苏友协"存在大概五六年，后来中苏论战，它就没有了。

集聚厦门众多老字号

蔡美钦：我们住的中山路1号楼原来是私房，20世纪50年代，厦门手工业联社统一租下来给职工住。当时厦门没什么大工厂、大企业，手工业联社算是很牛的了。

那时哪有后来的大工厂、工程厂、罐头厂等等，还有现在的IT啊，高科技呀，都没有，就是我们小手工小作坊，也排得上前面的位置。

中山路1号对面大约8号一带，早年是手工业联社的办公场所。联社办公室往东边的店面是一些小作坊：藤竹社，修理自行车的，弹棉花的，编竹篾的等。

没几年，手工业联社就搬走了，让位给税务局。

何惠珍：再过去是商会、工商联，后来楼上还成为商检办公室、招待所。"文革"中曾经成了"大中专司令部"（"文革"中，大中专学生的造反办公室）。

武斗时商会这里是促联的据点。当时"革联""促联"两派斗来斗去,曾经枪战,互相射击。中山路上堆满了沙包,垒起了高高的战壕。后来"革联"退到郊区去了。

蔡美钦: 当时很乱,有些人跑到郊区或外地,去躲避危险。

蔡美钦: 中山路的黄则和花生汤店,早年店面很小。店里面的伙计很辛苦,经常在中山路1号西边空地劈柴。看他们汗流浃背的样子,我们有时候会拿水给他们喝。老板娘经常来查看工人的工作。当时他们都是劈柴烧火煮花生汤。

林庆添: 最早的时候,黄则和是挑着担子沿街叫卖的街头小贩。当时没有城管,不存在违章摆摊的问题。每天天一亮他就挑担在水仙路和附近的中山路一带,沿街叫卖。1949年后他看到那家店面没开,就把它租下来,开了自己的小店,慢慢发展成现在很有名气的黄则和花生汤店。

20世纪五六十年代街道并不是很热闹,只有几间店家比较出名。其中之一的广丰酒店是在水仙路路口东与中山路拐弯的地方,是很大的酒店,有三四间店面,就是90年代麦当劳的那个店面。

何惠珍: 广丰酒店楼上是食品公司的宿舍,咱们居委会就有中年人小时候住在那里。

林庆添: 广丰酒店边上(南边)是全兴饭店。其实送餐也不是现在才有,20世纪50年代,全兴饭店也有送餐,只要每月交三元钱,他家的伙计就会把餐送到你家去,即便住在最高层(其实当时最高层也只有四层),也会送上去。

水仙路里头,有一条巷子,叫卖鸡巷,听名字就知道它的作用。

何惠珍: 广丰酒店往东隔壁,是几家小作坊,是住家。

蔡美钦: 再往东,经过我和林庆添仔细辨认回忆,就是现在的中山路60号到62号,以前这里是回春药店,中药店,老字号,是老百姓都信得过的药店。

林庆添: 中山路双号,继续往东,就是泰山口,以前这里是第六菜市

场,现在没了。厦门早先有十大菜市场、十大码头。第五菜市场也没了,在中山路和思明南路交叉的十字路口东北角,原来的大陆商厦后面,上海街,就是第五市场。

蔡美钦:泰山路口早先有个泰山礼拜堂,后来礼拜堂没了,在那个地址建了第五幼儿园。园长我认识,叫张莲菊。再后来,第五幼儿园并到升平路的民主幼儿园去了。

林庆添:继续往东是有名的美的照相馆,地址是在现在的巴黎春天里面。

欧阳周:这家美的照相馆,是我父亲欧阳璜早年去菲律宾打拼,赚了钱回来开的照相馆,还兼卖照相器材。

蔡美钦:这位欧阳璜先生照相技术好,做人好,所以生意也好。欧阳璜是爱国华侨,是厦门摄影界的翘楚。厦门20世纪50年代一些重要的照片都是他拍的。

欧阳周:比如第一张厦门革命烈士纪念碑、大家敬慕的革命烈士刘惜芬等,都是我父亲欧阳璜拍的;而那张陈嘉庚的标准照,是我大哥欧阳咸拍的。

蔡美钦:我们老街坊都知道这位欧阳璜先生人好,有艺术水平,知道他曾经是厦门照相同业公会主席,还知道他是爱国归侨,是市政协委员,经常参加一些重要会议。欧阳璜与陈嘉庚、庄希泉等华侨领袖也是老朋友、好朋友。

欧阳周:1956年美的照相馆公私合营,就不属于我家了,属于厦门市服务业公司。公私合营时,时任厦门市长李文陵任命我父亲欧阳璜为厦门市服务业公司副经理,有史料照片为证。

"文化大革命"时,这家相馆改名为友谊照相馆,仍然是厦门最有名的照相馆。

1959年我父亲被聘为厦门市服务业公司照相部技术交流辅导员。后来行家告诉我,这辅导员就是辅导专业摄影师的老师。

我们国家有统战政策,就是"团结海内外华侨,为建设新中国做贡献"。我父亲因此走了祖国许多名山大川,拍摄了许多雄伟壮丽的照片,比如峨眉山、黄山等,目的就是让海内外华侨欣赏到自己祖国壮美的大好河山。1952年我父亲欧阳璜,还带领华侨观光团游览北京,有留下照片。

蔡美钦:中山路双号,继续往东,是慎时钟表店,也是老字号。还有庆兰饼店,也是厦门很有名的饼店。再过去的店铺是食品公司,店很大,有四五家店面,位置就是现在的建设银行这里。再往东,有玻璃店、油漆店等。

何惠珍:与中山路双号那边交界,有一条小走马路。很长时间里,大约几十年,思明区政府办公楼就在那里。

林庆添:小走马路,以前青年会在那边,还有青年救国会,也是在那边。我们现在站在中山路,向南,向小走马路看过去,那幢红色的楼房就是。

蔡美钦:小走马路东边几间是住家。

林庆添:再往东,有一条小路,叫作定安横巷。爬石板楼梯上去,泉州人洪朝和就住在那上面。洪朝和很出名,是帮人相命,看风水的。人家要建房子搬房子,要娶要嫁,都会来找他"看日子"(挑选日子)。

他能说会道,天天搬个旧的木凳子,放在比较宽的台阶上,很逍遥地坐在那里泡茶喝茶,等人家找上门来,相命,看日子。大家经常说起洪朝和,很有名。

蔡美钦:再东边是工坊,隔壁是小百货,再隔壁是粘塑料雨衣的。当时自行车是主要交通工具,很多人都是骑自行车,需要来这儿订做塑料雨衣,雨衣坏了破了也都来这儿粘补。老厦门人都很有印象。

欧阳周:再往东是国泰照相馆。国泰照相馆楼下开票收费,玻璃橱窗展示照片,楼上是拍摄照片的地方。

国泰照相馆再往东,是20世纪30年代厦门的三大旅社之一——天仙旅社。这是一家文化氛围浓厚的旅社,李公朴、郁达夫这样的名人,都曾经在这住过。当年天仙旅社受到了南来北往游客的喜爱。

林庆添：20世纪80年代天仙旅社关门，楼房租给了工商银行。最近听说，因为租金高，工商银行也退出来了。

何惠珍：也有的是说，要恢复天仙旅社，所以工商银行退出去了。我们也搞不准是哪一种情况。

林庆添：原先的天仙旅社楼下有一块石头路牌，讲述天仙旅社的历史，结果最近被拆掉了。

欧阳周：关于天仙旅社，我这有一张照片，是我父亲1948年拍摄的，可以看到"天仙"两个字，很清楚。这张20世纪40年代的照片，有很多信息，有历史的，有文化的，内容蛮丰富的。

何惠珍：这张照片很宝贵。

天仙旅社所在街道

蔡美钦：中山路与思明南路的四岔路口东南角，是很出名的绿岛饭店，一个是它的位置很显眼，在拐弯处；另一个是它的店面很多很多，大概有十来家的样子；再一个它是厦门的地标，当年说起中山路，自然就以绿岛饭店为中心。

欧阳周：我查了相关资料，绿岛饭店20世纪50—70年代与新南轩、妙香等餐饮店，都是名气较大的，是当时的高级酒店，且绿岛饭店排名第一。

绿岛饭店有经营中高档的，二楼可以办酒席，办婚宴；一楼经营普通档次的,大部分老百姓都消费得起,在那购买包子馒头,吃面食吃饭等。另外,绿岛饭店更有特色的是它的冷饮,雪糕、冰淇淋、酸梅汤等。小时候,我们经常进去,一进门,就是吃冷饮的桌椅位置。

绿岛饭店前店后厂,后面是冷冻车间,做冰棒。一些小贩用保冷玻璃桶来这里买冰棒,然后挑去沿街贩卖,用一个小摇铃,摇啊摇,卖冰棒。

何惠珍:郊区没有冰棒,有的小贩很辛苦,挑到集美、海沧甚至角美去卖。

绿岛饭店经营二三十年了吧,一直到20世纪80年代末期,店面才改作他用。

欧阳周:还是上面这一张照片,后来是绿岛饭店的这个地方,当时是上海义生搪瓷厂股份有限公司厦门发行所,而且外墙上挂了一个大约1.5平方米的标志,很显眼的"凤凰牌"三个字,应该就是这个搪瓷厂的商标。

从宾馆到理发店,涵盖各个领域

蔡美钦:回头来说中山路头(西头)单号、靠近轮渡鹭江道这边,雄伟屹立的是鹭江宾馆,1959年建的,是当时厦门数一数二的宾馆。华侨来了都喜欢住这儿。

听说当年陈嘉庚来巡视的时候,拿着拐杖指着说,这个窗户凸出去,不行,拆了;那个阳台不行,拆了。原来说的是小阳台太密了,拆了相邻的纵向一整溜阳台,才显得开阔一些。当时是盖的洋楼,最顶上采用中国式建筑,像斗笠,老百姓传说是意指中国人智慧在外国人之上。

欧阳周:我前面还有四个哥哥、两个姐姐,我父亲55岁才有的我,所以特别疼爱我,每年都有给我拍照片留念。父亲希望用光影,用色彩,用艺术来熏陶我。我上学前,父亲就让我为照片上色彩,当时的照

片都是黑白的。

我5岁时,父亲带我在鹭江宾馆门口留了影。那是1962年,就是这一张照片。当年鹭江宾馆大门口有4个台阶,现在仅看见1个台阶了。行家说这一带地软,地基每年陷下去1厘米,50多年来,已经陷下去3个台阶。有这张照片为证。

5岁时的欧阳周

林庆添:中山路1号西边第一条小巷是升平路,以前叫番仔街。这里有汇丰银行,是英国人开的,就是在后来鹭江宾馆的位置。所以英国人就住在附近,在现在东海大厦这一段。汇丰银行的边上有一家舞厅,当时海口有两个舞厅,时间长了,忘记汇丰银行旁边这一家叫作黑猫,还是叫作白鸽了。

太古码头是英国人办的,是通往国外的港口,又叫十三港。为什么叫十三港呢?意思是轮船从这里出发,可以通往世界十三个港口。

现在东海大厦的位置,以前是太古栈,就是太古码头的仓库,堆东西的。

番仔路头就是现在升平路的工商银行那一带。

海后路头,后来的华联商厦,当时叫益同仁,前面有一块空地,是华侨出资救济难民的场地。初一到十五连续半个月,天天有稀饭。

何惠珍:我曾经就有拿碗去接过稀饭。

中山路1号的西边,也就是现在的东海大厦,原来是一块空地,后来是粮食仓库,当年战备的大米储藏在这里。20世纪60年代街道就划出一块地来做纸制品加工厂。进入20世纪70年代,就有人在这里摆了个刨冰小摊,卖冷饮。

蔡美钦:中山路1号东边不远处的7号是交通医院,交通医院在这儿有很多间店面。交通医院为什么设在海口这边?因为医院要负责给码头工人、给我们自己的和外来的船员看病。

交通医院后来搬走了。这个位置就开了华侨商店。20世纪60年代,物资紧张,有海外华侨关系的,有华侨券(老百姓俗称"侨头"),可以在这个商店里买油啊,米啊,衣服啊,厨房用具啊,日用品啊,等等,买外面普通商店没有的、稀少的物品。

这个华侨券要怎么样才得到呢?就是要海外亲戚汇款回来,按汇款多少的比例,配给相应数量的"侨头"。

你问我有没有用过这种华侨券?有,那时养父有时会汇款来,我们就有华侨券可以用。记得曾经用这个券,买了一口红铜的锅,五十多年了,这个锅现在还在家里。

欧阳周:"侨头"类似粮票、豆干票,它只是表示你凭它有权利购买华侨商店里的东西,但是必须得用钱买东西。

何惠珍:中山路双号往东,21号这附近,20世纪五六十年代是住家,然后是思明幼儿园。那个时代提倡"英雄母亲",大多数家庭都有多个小孩,所以幼儿园也多。

思明幼儿园往东是打竹篾的,弹棉花的。

蔡美钦:到了镇邦路,路口西边第一家是中国理发店,在镇邦路和

中山路交接拐弯处。楼下是一个大大的拐弯的楼梯，上二楼才是理发的地方。

过了镇邦路之后，中山路29号附近是住家。那边有一家食杂店，叫源源食杂店。

林庆添：双号往东有条小巷，叫和凤街，里面有个和凤宫。碰到"做世事"（做民俗，过节日），有演歌仔戏，大人小孩都喜欢看，因为那时没有别的娱乐项目。

蔡美钦：47号及附近是住家。57号及附近20世纪五六十年代是医药仓库，后来是医药商店。59号，20世纪五六十年代是大华鞋店。61号是翁炳南开的中医诊所。

林庆添：我年轻的时候曾经脚面有个无名肿痛，便去找翁炳南看。他拿出一把手术刀，也不用消毒，就朝肿痛的地方，一刀割下去，脓就冲出来。他擦掉，拿纱布一包，好了，走人。收费就一点点。只去了一次，就好了。

蔡美钦：我女儿小时候，脚痛，小腿溃疡脓肿。下课回来，我看她脚一拐一拐的，就背她过去，找翁炳南医生，敷药二三次，好了。

再过去，新中国刚成立时，这里有个厦门贸易公司，后来也搬走了。

何惠珍：再往东是一些小店面。一直到大中路口，是新新百货，后来改为第一百货公司。

林庆添：大中路口的东面，就是中央理发店，也是在拐弯处，一楼是楼梯，二楼在理发，也是大家都熟悉的。

蔡美钦：泰山路口对面是早年厦门日报社的所在地，叫永安堂，是胡文虎万金油的经销总店。

欧阳周：之所以叫永安堂，是因为胡文虎的父亲胡子钦侨居缅甸，开了个中药铺叫永安堂，药铺后来岌岌可危。1908年胡子钦去世后，胡文虎兄弟重振家业，研究制造了虎标万金油，名声逐渐地变大，影响东南亚和中国大陆、香港、台湾等。

头脑活络的胡文虎为配合虎标万金油和后面开发的虎标良药的行

销,于1921年介入报纸生意,先后在仰光、曼谷、新加坡、汕头等地创办星报系列,有的说16份,有的说将近20份,也搞不清到底是多少份。短短三十年,胡文虎几乎同时成为东南亚的万金油大王和报纸大王。

胡文虎家族在厦门创办《星光日报》,是星系报刊的第三份。1935年9月1日在厦门正式发行,仅办了2年8个月,厦门沦陷,1938年5月《星光日报》被迫停办。到抗日战争胜利后,1945年11月10日(有说11月29日),《星光日报》又复刊,到1949年11月17日停刊(有说于1949年10月1日停刊)。

胡文虎做星系报刊的初衷是为了推销他家的虎标良药,收到良好的效果,但《星光日报》对推动闽南地区的文化事业是有一定贡献的。另外,根据历史资料,20世纪20年代,胡文虎曾经捐资给厦门双十中学。还有,据《厦门日报》2017年12月22日报道:"1937年8月,在爱国华侨胡文虎捐资下,福建省立医院在福州吉祥山成立了,即厦门第一医院前身。"

林庆添:我小时候在中山路闲逛,有时走到永安堂楼下,看人家印《星光日报》,喀拉一下印一张,喀拉一下印一张,是手工活。

欧阳周:1983年5月,在时任福建省领导项南的关注下,厦门中山路的永安堂归还给胡氏的后代。

据说胡文虎的女儿胡仙,女承父业,运用现代化的传统手段,从香港把新闻传送到美国、加拿大、英国、澳大利亚等地。到了20世纪80年代,她雄霸于香港报业广告,高峰时控制的报纸多达7份。与此同时,她当选为国际新闻协会主席,相当了不起,听说可以和她父亲齐名了,甚至超过了她的父亲。

极盛过后,胡仙遭遇一连串厄运。20世纪80年代,她在世界多个地方投资房地产失利;90年代,亚洲爆发金融危机,这些对她都有很大影响。之后,"报业女王"陨落,几乎破产,从此衰败。

何惠珍:中山路单号再过去,大约159号附近一大溜,都是新华书店。几十年内,新华书店店面逐渐减少,最近更少了,萎缩了。

蔡美钦：单号这边一直往东，到局口街的大榕树底下，是厦门人都知道的中梅理发店。这家店一直开到20世纪80年代。因为中梅理发店里面的师傅技术好，都是高手，后来就都自己去开店了。这是一大变化。

林庆添：在中山路这一段不太长的路，就有"中国""中央""中梅"三家理发店，都是福州人开的。福州人俗称"三把刀"：理发刀，剃头；菜刀，开饭店；裁缝刀，做衣服。

三家理发店收费都一样，剃个头一角钱。服务很好，剃完头拿个镜子，给你前面照，后面照，直到你满意。更多的时候，我们就找路边小店铺，或者挑剃头担子的，简单剃剃就好了。

何惠珍：中梅理发店边上就是局口街，以前很安静，都是住家。改革开放后，20世纪八九十年代，巷子里也做起生意，开起店铺了，卖服装，做餐饮。

蔡美钦：其间也有做金鱼缸的，养鱼的，也都集中在局口街这一带。

何惠珍：大概到2000年以来，这一带更加热闹，人来人往很拥挤，多是卖小吃，卖服装等。有一阶段叫作女人街，专卖妇女的衣服、饰品。

蔡美钦：局口街过来，有百达服装店，有龟印店。现在使用龟印自己做龟粿的，越来越少，龟印店就没法在中山路生存下去，只能租在比较便宜的巷子里，继续雕刻龟印。靠这个谋生很难了，主要是传承，传承老传统，传承老手艺，还能让一些海外来的老华侨，找到一种久违的家的感觉。

林庆添：再过去中山路附近的厕所，大家都熟悉。中山路厕所很少，能在这闹市中，在巷子里，有个厕所真是方便了大家。

蔡美钦：厕所外面的中山路，很长时间，大概20世纪七八十年代到九十年代，都有"黄牛"。人们走过去，他们会问："有布票卖没？""有华侨券没？""要换钱不？"

何惠珍：很长时间，这里都是"黄牛"聚集的地方。管理部门经常会来查，会来冲击，但因为边上就是厕所、小巷和住家，有迂回，有退路。

林庆添：后来取消布票、粮票等等，再后来，银行可以兑换外币了，"黄牛"市场自然就退市了。

何惠珍：中山路双号这边，再过去就是中山路和思明南路交汇口。再往东就是有名的大陆商场，20世纪五六十年代是卖五金商品、卖自行车的。那时买自行车的人很多，生意不错。

欧阳周：这张照片是我父亲在1950年拍的，照片上面有显示，是庆祝中华人民共和国成立一周年，就是在大陆商场这边拍的。当然，那时不是大陆商场，要老厦门才认得出是在大陆商场的位置。

欧阳周父亲在大陆商场前拍摄的照片

交通：从冷清到喧嚣再到步行街

蔡美钦：中山路交通变迁可以分为三个阶段。第一阶段，新中国成立初到"文革"前期，比较安静，或者说萧条。

何惠珍：当时华侨银行西边是停车场，公交车都停在那里，每天车辆开进开出。我们住在对面，觉得很吵。小摊小贩卖水果都在停车场

那边,经常是一群人围着车辆叫卖。

欧阳周:20世纪五六十年代的,每天清晨四五点钟,都有从郊区来掏粪的牛车,滴滴答,滴滴答,清脆的铁蹄声打破清晨的寂静。早晨还有送牛奶的,喊道:"三楼阿婆,牛奶啊!"

中山路也是国庆游行、踩高跷、宣传队表演的主要场合。碰到富商、华侨家有丧事,队伍也要排很长很长。我也收集有这样的照片。

蔡美钦:第二阶段,"文革"到改革开放前,生意萧条,做小生意的人情绪紧张不安。

何惠珍:做生意就会被说成是投机倒把,东西会被没收,甚至人会被抓去,卖东西的都提心吊胆。为了生活,偷偷卖点东西。找工作又很难,生活方向不知在哪里。

蔡美钦:我母亲在镇邦路口卖烟,就被写大字报。

何惠珍:我母亲去同安买三层肉来分,被抓去参加学习班。

蔡美钦:第三阶段就是改革开放后,汽车多了,环境也吵了。

何惠珍:有些商家在马路中间搭台子推销商品,吵到很多居民,被投诉很多。后来规定22点之后不能放高音喇叭营业,慢慢变得规范。吵的时候居民就打110投诉。

中山路1号附近没有厕所,晚间不时有路人随地大小便,居民饱受其苦。我们早晨起来就去拿沙子来掩盖处理。

蔡美钦:现在越来越繁华,建成了商业街,禁止吸烟,成了无烟街,后来成了步行街。

何惠珍:还建了很多的爱心小屋。爱心小屋是做公益的,卖的是一些手工艺品,赚的钱给残疾人、孤寡老人、困难户做慰问金。

交通工具:从自行车到公交车再到共享单车

蔡美钦:早年都是自行车,每一家都有很多辆自行车,都停在门口,停得满满的。但到了20世纪八九十年代,有段时间自行车容易被偷。

欧阳周:那时还流行一句话,"没丢脚踏车,不是厦门人"。弄得保险公司都不愿意给自行车投保,因为经常被偷赔不起,之前是积极鼓励自行车投保的。

蔡美钦:我上班的工厂在后江埭。我先是骑自行车去,后来自行车被偷了,我不敢再买自行车,就走路去上班,大概要走四十分钟。现在满街都是共享单车,没有人偷了。但是现在共享单车太多太多了,堵得很多路都不好走了。

20世纪五六十年代,厦门只有两条公交线路。一路是从轮渡、中山路,到厦大;还有一路从轮渡、厦禾路,到火车站。刚开始,乘公交车只需要两分钱。20世纪50年代初,公交车只有三辆;到20世纪70年代改革开放后,公交车发展到几十辆、几百辆。

何惠珍:到了20世纪80年代,摩托车就开始慢慢多起来了。再后来汽车也多了,午休时喇叭滴滴叫,吵死了。现在好了,清静多了。但也有不好,中山路不可以行车、停车,行人走路比较安全,搬重物就碰到困难了。

建筑大体没变,老字号消逝不少

林庆添:中山路的建筑大体上没有改,永安堂的钟还在敲,但是店面改了,店号改了。回春药店没有了,广丰饭店没有了,绿岛饭店没有了,大三元酒店也没有了,三益汕头鱼丸店没有了,华北饭店没有了,大陆商厦的吴再添没有了,大陆商厦后面的布袋戏没有了,"中国""中央""中梅"理发店没有了,天仙旅社没有了,老古董、老品牌很多都消失了。旧的这些店号慢慢都没有了,老居民大部分都搬走了。

蔡美钦:现在唯一保留的是半个中华电影院。为什么说是半个呢?因为楼上放电影,楼下店面是卖衣服的,还有麦当劳。还保留了一个思

明电影院,听说被中华电影院接管了。

林庆添:现在中山路过去的许多东西都没了,只剩下吃的。一些小年轻在路上边走边吃,我们小时候怎么敢这样?

很多东西被破坏了,比如华侨银行,现在虽然重新盖起来,但是把原来的模样都破坏掉了。外面回来旅游的华侨,想要找原来旧的模样、旧的东西,但是华侨银行修新没有如旧,华侨只能从回忆中寻找了。

蔡美钦:旧的东西只存在回忆里。镇邦路口的路牌,本来有介绍镇邦路的由来,也被拆掉了,里面有介绍木屐巷在哪里。在建镇邦路时,拆了木屐巷。布袋巷还在,在旗杆巷附近。

林庆添:小时候,没在中山路玩,因为没有钱。只能去报馆转悠转悠,人家在印报纸,也没有什么好玩的。小孩子们还会到海口玩玩,游游泳。我们住在海边,脚一抬,就跳下去,不用人教,自然会游泳。你问家长会不会管我们游泳的事?大人为了填饱家人肚子,都顾不上太多了,哪里还顾得上管我们。但是老师会管我们,会抓去"捶"(批评教育),怕我们淹死。

住在海边,经历狂风巨浪

蔡美钦:我们住得离海口很近,台风来了,会比较受影响,有三个台风印象深刻。

一个是1959年8月23日(农历七月二十日),台风在厦门登陆,风力说是十二级,风实在太大太大了;而且狂风持续时间较长,从夜里一点左右到三点左右;并且遇到农历天文大潮,九龙江水暴涨,就造成了特别大的洪水!据说那次厦门死了一百多人,伤了近千人,大部分是渔民兄弟。

欧阳周:那次大台风,房屋倒塌很多很多,据说有五六千间;损坏的就更多了,说有五万间。那时防护防备措施还没么到位,很惨啊!

蔡美钦： 我们待在中山路1号的屋子里，窗户都被风刮飞了，风啊雨啊都灌进来了。事情虽然过去快六十年了，现在想起来还是害怕。

天亮后下楼，看到海水都灌上中山路了。更少见的是，两条木船居然被狂风推上岸，一条船在现在的中国银行门口，另一条船被吹到黄则和花生汤店门口。真是吓人！大树啊，那是连根拔起来，倒了很多很多，可惜啊！

欧阳周： 后来又有一次让人印象深刻的大台风。那是1999年10月9日，14号台风。那次风也很大，海潮也很大，相当骇人。据说有少量死亡的人，也有十几万人受灾。

老厦门人都知道，20世纪90年代后期，厦门轮渡码头隔壁（北边），有一艘娱乐船，叫海鲜舫，是港资的。其实是福建泉州人去了香港，回来投资经营的。船大概有三层，有餐饮海鲜，有卡拉OK，有跳舞的等等。那时候经营的项目都比较新潮，很多人好奇去参观，很多年轻人去消费。它主打海鲜，海鲜真的都很鲜。加上就在轮渡，交通方便，所以生意不错。

1999年10月9日这一天，14号台风正面袭击厦门，人不能站立，站立会被吹到海里；只能卧倒，手抓住了马路牙子，匍匐前行。台风把十几平方米的铁架子广告牌卷起来，推着在路上跑，人若躲避不及，那是相当危险的。

这时候突然听到两声巨大的邦邦声，原来是海鲜舫瞬间被狂风强力举起，导致海鲜舫与趸船间连接的、手臂粗的两条钢索中的一条，瞬间被扯断。海鲜舫失去了钢索的固定，立刻被巨浪打成侧翻，一两分钟内就沉入大海！太可怕了！大自然巨无霸的力量，太骇人了！

沉下去后，海鲜舫就无法再经营了，就终结了。

何惠珍： 再一个台风，大家都了解，就是2016年10月的"莫兰蒂"台风，风力达14级，在我市翔安登陆。但是因为各级政府、领导、老百姓都很重视，而且有了1999年14号台风的教训，后来的广告牌都加固了。全市仅一个人遇难，这就是很大的变化。

我在中山路的半个世纪

——中山路1号老住户的回忆

口述人：蔡美钦、何惠珍
采访人：陈秀芹、王毅君
采访时间：2017年11月18—30日
采访地点：中山社区文化活动中心、中山路1号

【口述人简介】

蔡美钦，出生于1934年，13岁来到厦门，初在鞋店做学徒，后进入手工业联社的皮革社。曾经参与鹰厦铁路、南福铁路建设，被评为二等功臣。1974年入党。在皮革厂工作期间，除了制鞋，还做宣传工作，兼做工会主席，后来任公司生产总指挥。在长年的生产生活实践中，蔡美钦编了很多诗歌、闽南话说唱和闽南话顺口溜，歌颂火热的生活，赞扬社会新风气，展现人民群众修建海堤的精神风貌，鼓舞群众积极投入生产建设，宣传社区干部抗台风的表现等。退休后，当了两届居委会基层支部书记，被聘为社区金点子顾问工作室顾问。一直居住在中山路1号B楼。

何惠珍，出生于1940年，20世纪90代退休后在居委会工作，曾任中山路1号楼组长、老人协会组长。现居住在中山路1号E楼。

【内容简介】

口述人为厦门中山路老居民，他们讲述了中山路20世纪五六十年代的过往生活。特别是蔡美钦老人编的几首反映过去生活的"顺口溜"，生动活泼，饶有情趣，值得今天的人们留存重视。

干劲大热心肠，参与鹰厦铁路建设

蔡美钦：我12岁离开泉州，跟叔公去石狮做学徒，后来石狮那边作坊做不下去了，我就失业了。13岁就来厦门鼓浪屿，因为有个同乡在鼓浪屿做鞋，我就在他那儿做学徒。后来头家来大同路开鞋店，我就跟过来了，前店后厂。当时没有活可以做的时候，头家也仍然管吃管住。

新中国刚成立的时候，百业待兴，很困难，政府提出"维持生产，克服困难"的口号。1956年社会主义改造，公私合营，我们那个小作坊就归入手工业联社。手工业联社在中山路1号租房给职工住。从1957年开始，我就住进了中山路1号，一直到现在，60年了一直住在这里。

新中国刚成立的时候厦门没有铁路，我们集美的爱国侨领陈嘉庚，在北京全国政协会议上提出来要新建铁路的，获得了毛主席的批示。

1953年，鹰厦铁路开始修建，很多民工和解放军铁道兵一道参加修建铁路。我21岁的时候参加了铁路建设，即1955年开始，修到1956年。那时候年轻干劲大，比较热心，当了队长，还被评为二等功臣。

那时候条件很艰苦，住宿很简陋，半夜要站岗。女工半夜回来，看到有蛇爬到被子上，吓得大声哭起来。当时我带头克服困难，还积极进步要求入党。但因为养父在印尼，需要政审，所以迟迟没能入党。我一直到1974年才入党，入党第二年就当上了党支部副书记。

几个月后鹰厦铁路工程结束了。鹰厦铁路建完后，领导问大家，愿不愿意继续做，参加南平到福州的铁路建设，大部分人都表示愿意继续干。修建铁路，困难很大，待遇不高。但是那时候，大家热情都很高。

鹰厦铁路于1957年通车，很长时间内它都是进入福建的唯一铁路线路。

做"公亲"调节同事家庭矛盾

蔡美钦：养父1957年回来，送我一个欧米茄手表和一支金笔，给我做结婚礼物。在那个年代，这个礼物很大很大，手表是名牌，很值钱的。

我结婚后，养父要返回印尼，缺少路费，就想把这个手表卖掉，做路费。我觉得这是我结婚的纪念物，舍不得，就说："路费我来出，这表留给我做纪念吧。"于是，就拿了两三百块钱给养父做路费。当时的二三百块是很大的哦，大约相当于一年的工资了！

20世纪60年代后我就半脱产，开始做宣传工作。现在皮革厂很多骨干都是我带出来的。我搞宣传的时候，编了很多诗歌、闽南话顺口溜，不少篇被厦门市群众艺术馆拿去编成小故事。当时我还是厦门日报、厦门电台的通讯员，写了很多稿子。那时候福建省总工会要调我去搞宣传，但是时任思明区委书记林源同志说："你不能走，要留在厦门工作，搞宣传。"

20世纪70年代下基层，我常年做工会工作、做宣传，后来还兼任工会主席。全厂400多工人，我每一户都走访，有生老病死的，我都会关照。夫妻吵架，婆媳有矛盾，家庭要破裂的，我都去做"公亲"。很多矛盾，都在我动员调解下完美解决，所以大家都感谢我，想请我吃鸡蛋，表示圆圆顺顺。我年年都被评为先进工作者。

我家住房一直都很困难。我们夫妻俩、我的母亲，还有5个儿女，8个人住中山路1号，十几平方米，一房一厅，后来自己又搭了个阁楼，总的加起来差不多人均2.5平方米。那个年代，厂里头许多人住房都很困难，碰到有评房子的时候，我是工会主席，就把机会让给更困难的工人。共产党人嘛，应该吃苦在先，享受在后。对此，我太太意见很大。

后来，到了20世纪70年代才又增加了一间房。原来是一层楼三户共同使用一个厅，共同使用一个厨房；后来到了80年代，才一分为三，各家分到几平方米的厅和一小块厨房。

到 20 世纪 80 年代政府又给解决困难,半卖半租,大女儿在松柏买了一套房子,每平方米 298 元。我家老三结婚的时候没房子住,就向老大(姐姐)借房子,住了一年。

我是 1990 年退休的,退休后,本来厂里想再留我三年,但是我只留下一年。退休后有留职补贴,每个月补贴 200 块。但是有人去局里反映说我是高薪补贴。对此,局里面回应那人说,人家是技术付出,有贡献,是应该的。我当时把工厂从 182 万元资本发展成 1000 多万元,人员从几百人发展到 1800 多人,成为省里的重点企业。

当时我在皮革厂,任生产总指挥,工人加班、奖金,都是需要我审批的。除了厂长,我的工资是最高的。

退休后,我去劳动局反映工资低时,人家说,你应该是离休干部,但档案里登记是退休人员,所以工资高不了。

到了 20 世纪 90 年代,有人介绍我到晋江办鞋厂,做设计,搞管理,我就去了,做了好几年。

家庭幸福,退休后曾任居委会基层书记

何惠珍:你现在很幸福了,儿子每个人都有住房了。

蔡美钦:但是二儿子没有稳定的工作,没有住房。现在对生活相当满意知足,感谢党的英明。赐子千金,都不如给儿子一艺。现在儿子都有自己的手艺。

何惠珍:你孙子表现很不错,还被保送到厦门外国语学校。

蔡美钦:我现在负担还很重,老婆工资低,我退休金每个月三千多元。每个孙子女高考,我都会承担些费用。我有五个孙子女,小的这个孙子就要参加高考了。我自己每个月省点钱,多少给孙子孙女一些支持。我一视同仁,儿女结婚我都给四万元。但是大女儿条件比较好,我只给她一万元。

何惠珍： 老蔡他家庭和谐，老人主持公道，儿子孝顺，节假日孩子都回来，家里很热闹。平时儿女也经常买些饼干、牛奶或者其他点心来看望老人，我们走在楼道上，经常都会遇到。

蔡美钦： 有点遗憾的是儿女都没有读大学。因为当时家庭收入水平所限，我个人专注于事业，比较没有注意孩子的教育。也因为那时"读书无用论"的影响，所以小孩都没有读大学。

何惠珍： 蔡美钦的母亲帮了他大忙，奶奶的背是孙子女的床，五个孙子孙女，都是奶奶一手带大的。

蔡美钦： 当时我母亲在居委会当居民小组长。那时候居委会在升平路，叫思明公社的思明居委会；后来整合，升平居委会和中山居委会合并，现在归中华街道办事处管辖。当时升平居委会主任是美英同志，刚好有名额，就照顾我老婆去就业，去海沧637铝厂，后来改成坞厂，退休之前又调回皮革厂。

20世纪90年代，有关部门组织讨论中山路怎么改革，开了个会，请到著名的文史专家洪卜仁参加。我作为唯一一个中山路居民代表也参加了会议。

我退休后，当了两届居委会基层支部书记。我每月都做工作总结，然后复印发给大家。

社区老龄化严重，建议办公共食堂

何惠珍： 我住中山路1号，我家二儿子跟我同住，住这一层的有两户是公安局的，我们家就是其中之一。

我从20世纪90代退休之后就在居委会工作，任中山路1号楼组长，做了很长时间。近年来，由于网格化管理，我就没当楼组长了，但我还是老人协会的组长。

中山路很多老人退休就搬出去了，搬到新区去了。但1号楼里大部分老人没搬出去,还有二十多个退休老人。我经常与这些老人联系,看看他们有什么困难,尽量帮助他们。

我们1号楼有十四户。一楼是商户,二楼、三楼、四楼、五楼是住家。业主邱心得的两个儿子——邱清辉及其弟弟住在D楼。

邱清辉的父亲曾经家大业大,娶了十几房妻子,后来社会变迁,很多产业都败落流失了。本来1号、3号、5号、7号、9号、11号、13号、15号楼,这八栋楼都是他们家的房产。

邱清辉曾因为修电器,收听敌台广播,被抓了起来,关了很久,差点被迫害致死。还有,由于海外亲人很多,邱清辉为此遭受了相当多的坎坷。不过,现在身体还好,儿子、媳妇跟他住在这里。

邱清辉妹妹邱婉儿住在E楼,她女儿出嫁了,儿子住在外面,现在自己一个人住。闲下来无聊,就喜欢一个人玩扑克。她很爱干净。

邱婉儿和我是同一层楼,现在她要买肉买菜都是托我,生病了也经常给我打电话。邻居都跟她很好,她要修窗户、修电灯、晒被子等,都会叫楼里的年轻人帮忙。

原本这座楼的楼道没有电灯,黑黑的,我就给居委会反映,后来就安装了触摸灯。电表原本想接我家的,我说这是长期的事,最好联到某个公家单位。后来就联系了楼下集邮公司,从他们那儿接的电,这才解决了楼道长年黑黢黢的问题。

本来这个楼的楼梯是没有扶手的。很多人摔跤,包括我的媳妇,从三楼摔到二楼,磕破了膝盖。后来我反映给居委会,居委会就帮助联系了房地产公司。房地产公司多次派工人师傅来,用自来水管装了扶手,方便大家上下楼。

现在住在中山路1号的户主,子女大多都搬出去了,社区老龄化严重,希望有关部门能够办公共食堂,解决老人用餐困难的问题。

我们E楼还有个住户叫吴要国,住一房一厅。他是家中的独子,四十多岁了,在工厂上班。为了方便照顾母亲,他特意调成上夜班,白天好照顾母亲。他给母亲洗头擦澡,带母亲看医生,抓药。经常问母亲

想吃什么,他就煮什么。大家都夸他是一个大孝子。

擅长编诗歌顺口溜,弘扬社会正气

蔡美钦:我喜欢编一些诗歌、闽南话说书、闽南话顺口溜。比如最近我觉得社区主任很不容易,就想编首诗歌,赞扬社区主任,只是现在材料还没有准备完整。

"莫兰蒂"台风的时候,我也有编一首诗歌,赞扬社区的干部群众,还编了一首《中山社区责任状》。

我编诗歌、闽南话说书、闽南话顺口溜,顺应时代的特点,与时俱进。比如,20 世纪 50 年代修海堤时,有慰问团到海堤来慰问,大家很高兴,我就编闽南话顺口溜,其中一首内容是这样的:"小妹对我实在好,今日特意来送歌,等到海堤呐修好(修好时),大家逗阵去集美七桃(玩耍)。"

再比如,20 世纪 50 年代,蒋匪的飞机不时来福建沿海骚扰,我参加了大同路的救护队,还编了一首闽南话顺口溜:

敌机倒栽葱

有一日早上天微微亮,
我耳朵听见哼哼哼,
原来就是蒋匪机,
梦想要来骚扰咱厦门。
蒋匪小胆的司机,
知道来这真不利,
他在天上喻喻飞,
不敢冲下来不敢飞走,

就像老鼠钻进灶脚里。

突然地面炮弹飞上去，
天上变成一个莲花池，
朵朵莲花真正"水"（漂亮），
逐朵对准着蒋匪机，
任你要飞都无处避。

打中一架向下栽，
栽落去海底喂大鱼。
还有一架身崎崎，
解放军技术棒棒的。

再中两架凑上四，
其他的飞机看了大着惊，
飞来飞去狂乒乒，
快将炸弹海内倾，
若不飞走就无命。
飞机舱里哀怨声，
老大哀怨自己真歹命，
老二哀怨祖公无灵圣，
一群飞机像"蚂蚁下热锅"。

长官下令要俯冲，
谁知下级不服从，
一群飞机像"老猴闹天宫"。

解放军炮火打得这么凶，

若跑不及不死也重伤。
若不能飞回台湾的基隆,
恐惊得下海见龙宫。
大骂长官不自量,
螳螂也敢来弄鸡公。

这个故事真趣味,
大家听得笑眯眯,
反攻大陆没希望,
经常来是表演"敌机倒栽葱"。

创作于 1953—1954 年

再比如,20 世纪 60 年代,看到有的男人不出来干活,又懒惰又贪吃,我就编了一首闽南话说书《吃卤鸭》,来动员这些人出来工作:

吃卤鸭

各位同志请坐定,
大家静静莫做声,
有个故事"吃卤鸭",
现在我来讲你听。

从前有个懒男人,
做着事情嫌艰难,
归日想吃不赚钱,
大家叫他懒汉虫。

伊春天得睡到很晚,
夏天做工嫌太热,

秋天做工嫌风大，
冬天做工嫌太寒。

他全靠祖公的业产，
死坐活吃呒做工，
结果无到三年透，
这个家伙卖来吃空空。

有一次将近要过年，
人人买肉兼买物，
懒汉看了急半死，
家内空空怎过年。

懒汉归日一直想，
想得面忧得脸愁，
袋仔无钱空空手，
廿九围炉要怎样？

听说财神爷有灵圣，
待我赶紧来去那，
求伊保庇乎我运气走，
呒免出力阁有通吃。

想着双脚紧跨起，
先到伊的旧厝边，
借来"寿金"一大只，
又借烛仔一对香三枝。

大步走到宫庙内，
香烛供伊点起来，
双脚跪礼牙牙拜，
轻声细说念乎神明知。

财神爷啊！
弟子给你来烧金，
直跪直拜真诚心，
你要保庇我，让我路上拣到银，
过年才给你安金身。

伊对财神爷拜清楚，
无要回家四处逛，
想要路上捡着宝，
结果走得脚酸手软也捡无。

经过一间菜馆的门口，
看见卤鸭排在桌顶头，
伊的眼珠看得要直了，
爱吃得口水直透流。

真好料啊！
卤鸭真正香，
香得呛鼻孔。
每只真正肥，
肥得出油水。

心内想要吃，

可惜无半分,
只有空空看,
吃无叹大气。
要是乎我舔一下,
就是呒免吃落腹肚内,
我心头也开。

伊越看越爱吃,
看得神神站定定。
菜馆伙计出来问伊要买啥,
伊听了歹势赶紧走。

懒汉天晚回到家,
妻子无钱吵闹闹。
伊当聋子呒开口,
上床自己睏一头。

俗语曰:日有所思夜有所梦。
这句话真有影。

懒汉睏到半暝后,
突然梦见一只卤鸭来伊兜。
伊恐怕卤鸭会飞走,
赶紧上前将鸭子抱。

这只卤鸭真会走,
害伊追得大汗直透流。
正在这阵的时候,

突然财神爷本身到。

骂声畜牲你哪里跑,
害伊掠着鸭子头。

卤鸭一时呱呱哭,
出力挣扎要逃走。
懒汉给伊抱紧紧,
好料到嘴刚要吃,
让你走掉我心呒甘。
赶紧用牙齿咬一下,
卤鸭头怎么缩进去啦?

这时候,
妻子就在床铺上,
拳头母出力给伊捶,
两只脚骨一直踢,
懒汉这时才醒来。

妻子气得翻白眼,
骂声这种男人真残心,
半暝正当好睏眠,
你咬我脚趾头仔啥原因。

懒汉一时孬晓应,
妻子想着火攻心,
手持一支鸡毛掸,
一直给伊打无停。

懒汉被伊一顿打,
狂得来不及穿衫,
嘴里一直叫不敢,
赶紧窜到眠床下。

你今免骂和免打,
我不是故意把你咬,
我是做梦吃卤鸭,
谁知咬着你的脚。

妻子越听越生气,
骂声你眛见笑的臭男人,
你敢讲我呒敢听,
把我脚趾头仔咬这痛,
害我这阵煞孬走。

这个故事虽然短,
但会教育咱大家,
懒汉想吃呒愿做,
才会闹出这笑话。

创作于 1962 **年** 8 **月** 10 **日**

　　这首闽南话说书给其中一个男人读了,他边念边笑,后来就改正了,出来工作了。

　　长年在基层在社区,感动于社区老百姓媳妇尊重婆婆,婆婆疼爱媳妇,相亲相敬,家庭和睦;特别是有一家四世同堂,其乐融融。我就编了首闽南话说书,登在社区墙报上:

传统美德真实在,中间突出一个爱

传统美德真实在,
中间突出一个爱。
爱的能量像大海,
爱的范围无境界。

无论是古今中外,
过去现在和将来,
爱是人类的天性,
爱也有时代的特征。

在咱这个社会内,
人人都要相关爱,
社会环境才会有和谐,
生活好过也实在。

在咱这个中山社区,
互相关爱的事例到处有。
老人疼子孙,子女孝敬父母,
兄弟姐妹相疼爱,
还有担家(婆婆)疼新妇(媳妇),
不输自己的亲生女。
尊老爱幼成风气,
已经成为中山社区最时髦的热门词。

因为时间不允许,
今日只介绍一件事。

这故事就发生在本市，
　就在大中路那地方，
靠近棉袜巷口这一边，
　一座高楼外观装饰真标致，
　云卿老阿婆就住在这里。

　云卿阿婆真客气，
看起来也有八十高龄的年纪，
　她做人低调，做事伶俐、硬朗，
她做了不少好事，却从来没有自己提起，
　高尚品德非常了不起，
　唇边头尾也有人称她曹老师。

她确实是一位退休多年的老教师，
　早年在文安小学做服务。
她学识高，教学经验丰富，
可以兼任各门课程的"全能老师"。
她对学生疼爱好像自己的子女，
　学校老师都赞扬她，
　　人缘好，亲切好相处，
又有一套教学育人的真本事。
　曹老师退休回到家，
家庭内外事务排比真好势，
　　家庭人口十多个，
可以说，是四代同堂一大家。

　不过市内住唇较窄挤，
　　不得已分居两三地。

她对待这些子孙下代,
逐个都疼惜到心肝底,
都是她的心肝宝贝。

有一次她听到大媳妇,
最近身体有点不好势,
心肝有时勃勃请(着急),
好像有什么东西塞在她胸前,
害她吃不入腹、睏会落眠,
弄得归股人继无精神,
不知要紧不要紧?

媳妇详细跟她讲情形,
阿婆听得很认真,
这款代志真要紧。
我赶紧带你来去找医生。

经过医疗仪器做鉴定,
才知道是一种叫作癌菌的在捣乱。
医生说这种癌菌正在形成,
扩散速度有时也很快,治疗时间要抓紧。
治疗是一个艰苦的过程,
患者本人头脑要冷静,
要有战胜疾病的乐观精神,
病患家属也要紧密配合阮医生。

听了医生一顿讲,
婆婆也听得头憨憨,

既然遇着这款情况，
多少艰苦也要坚强起来。

两个多月是治疗关键期，
婆婆一直守护在大媳妇身边，
一切生活起居都照顾真周全，
思想上丝毫都不敢麻痹和粗心。

经过这一段治疗关键期，
大媳妇的身体恢复得真好势，
内心非常感激这位婆婆。
若无她这款的关心照顾，
我哪有今日这样的好身体。
婆婆年纪这么大，
长期劳苦强拖磨，
瘦得一副骨头看见见，
不输冬天时，那种无花无叶的树枝。

这位媳妇也真疼惜她，
阿母啊，你也着自己顾自己，
阿母啊，为了一家过好日子来拖磨，
若出问题就费气。

人说吃老要认老（比不上年轻人），
体力精力总会有差距。

十几年来，婆婆为了家事操劳真少歇。
对自己身体欠爱惜，

抵抗力也渐渐在下降，
有一次无小心去闪着腰，
痛得全身咯咯抖，
面忧脸愁叫"哎哟"，
痛得凉汗流无歇，
坐也不是，倒也不对。

媳妇看着这情形，
赶紧上前给她扶着身，
紧倒热水让她饮，
腰部给她按摩不停。
等到伤情稍稳定，
带她下楼看医生。

医生详细查病况，
发现云卿阿婆筋络移位较严重，
韧带作用受影响，
造成全身疼痛无法挡。

医生认真做治理，
既做按摩又加喷药气，
忙乎半天不停止，
措施用完病痛也减轻。

就在这个时候，媳妇问医生，
推拿按摩作用是什么？
医生回答得真干脆，
推拿按摩是简便的措施，

能帮病人疏通筋络血气，
有病治病，无病养生保身体。

经过医生几个回合的疗程，
云卿阿婆腰伤较稳定。
因为家住在六楼顶，
遇到起风落雨天气冷，
病疼又常常反复来发生。
每次想要找医生，
上楼落楼还是赶路程，
行动不便难适应，
不得已只得在家忍着疼痛度日子。

为了解决这困境，
忠萍这个大媳妇决心学会按摩这本领，
来帮助婆婆解困情。
她拜师学艺真认真，
真快就学会做按摩这本领，
自己当起了"家庭医生"，
既省时又省心，婆婆也欢喜真开心。
全家人都赞扬她有孝心。

婆婆媳妇相互疼惜情义深，
赢过亲生母女情，
传递爱心当表率，
尊老爱幼乐盈盈。
在咱中山社区好人好报的墙报上，
这段故事可以做典型。

创作于 2015 年夏天

我常年居住在中山社区,退休后担任了两届社区基层支部书记,对社区工作比较了解,比较熟悉;知道基层干部的辛苦,知道他们发挥的重要作用。2015年秋天,就创作了这个快板书:

画像

编导:中山社区　蔡美钦

人物:甲、乙、丙、丁四位
幕启:甲、乙、丙、丁四位,个个精神振奋、面带笑容,依次走到舞台中间,向观众鞠躬致意后,手掌有节奏地拍着(×、×、×、×;××,××,×××)开始表演。

合:拍手掌,手掌响。
甲:我来给社区书记画个像。
合:画啥像?怎么讲?
甲:听我仔细说端详。党委换届刚一年,中山社区变了样。
合:变啥样?赶快讲?说说有啥好经验?
甲:爱心社区在构造。
乙:社区义工个个争表现。
丙:好人好事一件接一件。
丁:居民总"赞"乐开了颜。
甲:中山社区搞得好,不需我来多介绍。

合:党委领导是关键。
甲:书记是个领头羊。书记姓李名瑞蓉,党的事业挂心中。
合:立足社区"圆心梦",敢叫中山社区旧貌换新容。
合:中山社区有特殊性。
乙:繁华地带也有阴影。

丙：老弱病残群体弱。
丁："低保"边缘户数多。
甲：为帮群众解困境，李书记操劳尽了心。
乙：带领党委社工一帮人访贫问苦探真情。
丙：她千方百计找门路。
丁：为六户失业居民找到就业新门路。
合：群众夸她作风务实很靠谱，是真心实意为民谋福的社区好干部。

甲：她关心少儿健康多才干，办起了社区少儿书画展。
合：拓宽少儿施展才华新空间，家长少儿个个乐得露笑脸。
乙：书画作品百余件，件件表达对未来前景"新梦想"。
合：都夸李书记工作思路有远见，记者特意在《厦门晚报》登一篇。

丙：李书记对社区老人很尊重，经常串门走家访，问冷问暖问健康。
合：社区的老人非常受感动。
丁："四代同堂"是个好题材，评选活动办得热闹又精彩。
合："和美""和善""和睦"，三种类型突显一个"爱"，"十个样板家庭"成为中山社区新品牌。

合：社区是个大家庭。
甲：三千多户根连根。
乙：万民日常大小事。
丙：件件牵动书记的心。

甲：书记是党员的领兵人，她处处以身作则当标兵。
乙："三严三实"为明镜，克己奉公扬党性。
丙：党员教育抓得紧，理想信念记在心。

丁:一位党员一面旗,个个尽心又尽力。
甲:支部换届做调整,应用老将带新兵。
乙:新老"先锋"齐上阵,
合:社区工作成效日日新。

甲:这个画像准不准,邀请大家一起来评论。
合:待到来年花盛开。
甲:我会再来写续文。
合:再来写续文。

我结婚已经61年,是钻石婚。今年11月12日,我们受邀参加江苏电视台《老当家》栏目组来厦门拍摄的"金银婚庆典大型活动"。我与太太和全家人都很兴奋,我为此专门做了记录,写了首诗歌。其中有"香"字、"金"字,是含着我太太的名字:

金婚老人上庆堂

做时代老人讲中国故事,
责任担当,义不容辞。

厦门江苏,相隔万里,
为共同目标,走到一起。
"两台"电视,节目完美,
都有显著业绩,非常贴近民意,
都是全国响当当的靓丽"红旗",
强强联合,结成亲密兄弟。

江苏《老当家》是电视台的一个栏目,

非常有实力。
好事做不停，花开香四溢。
万里送情谊，爱心筑丰碑。

金榜公园喜洋洋，
贺声掌声一片片。
金婚银婚当主演，
《老当家》主办兼导演。

看！这是一台大型的金婚庆典，
这是一场热烈又隆重的场面，
激起了人们对幸福的无限构想。
这是人生最美妙的庆堂。

瞧，十一对恩爱的老夫妻、老伉俪，
心情是那么激动，
面上堆满了笑容。
说不出用啥语言来表示，
用什么行动来形容。

一双双，一对对，
手拉手，心连心，
走上了红地毯。
享受着人生最美好的第二个春天。

几十年的风霜雪雨，
几十年来的"征战"北南东西，
考验了爱情的毅力，

不离不弃，坚贞不移。
牢牢地守住这块幸福的阵地，
我们的感情还是那么亲亲密密。
夫唱妇随这是人生的常规，
爱情的幸福基地。

人逢喜事精神爽，
花逢季节特别香。
万金难买老来福，
重披喜服上庆堂。

这场游戏意义大，
全场个个乐开了花。
"小记"闻声赶来探，
"中国故事"添新篇。

金字当头福运大，
榜上有名众人夸。
公德一做成佳话，
满园盛开幸福花。

祝贺！祝贺！再祝贺！
祝贺老人"百岁"跨，
子孙满堂心愉快，
家庭和美，笑口常开。

创作于 2017 年 11 月 12 日

平时我也坚持与时俱进,对结合社会实际,展开创新,有自己的见解,于是写了这首诗歌:

创 新

创新是当今时代的主题,
创新是推动经济发展的动力,
创新是社会进步的标志,也是我们生活的必需,
创新可以改变人类的一切。

我们的街道,我们的社区,
面对辖区每日发生的万千件事情,
如何运作,如何面对?
创新是排在我们面前的新课题。

"管你"与"帮你"是两个性质不同的含义,
如何拉近与群众感情的距离?
真心付出,苦乐相依,
这是开启心灵交融的一把绝妙钥匙。

"十九大"标志创新时代的开始,
学习、传达、贯彻"十九大"精神,
要结合我们自己的实际,
有的放矢才能收获较高的效益。

中华街道,
是以我们伟大的"英雄母亲"命名,
叫起来非常亲切,令人欢喜,

作为中华辖区居民非常有豪气。

中山社区也以一代伟人名字相依，
已经有一个多世纪，
时代变革，翻天覆地，
我们已经超越伟人一生追求的遗志。

在共产党的领导下，
我们当今的国力、国际地位，今非昔比，
但距离"十九大"的要求，还有较大的距离。
我们的创新才刚开始，同志仍需努力。

何惠珍：老蔡他将近85岁了，头脑还很好用，记忆很好，像刚才的《敌机倒栽葱》《吃卤鸭》，这么长时间了，他依旧熟记在心，溜溜地背出来，真的很了不起！老蔡他很会写，很会说，我们经常鼓励他，要多出作品，多反映社区的面貌，多宣传邻里乡亲的好风气。他到现在仍然是这样做的。

邵循岱：一个鼓浪屿文人的坚守

口述人：何丙仲
采访人：李文泰
采访时间：2015年12月至2016年3月
采访地点：何丙仲家、厦门市社科联社科之家

【口述人简介】

何丙仲，福建省惠安县人，1946年1月8日出生于湖北恩施县。毕业于上海复旦大学历史系文物博物馆专业。中共党员。历任厦门市博物馆副馆长、郑成功纪念馆副馆长，文博研究员。2006年退休。现仍继续从事闽南文化的研究，并致力于古籍文献的点校整理工作。出版有《厦门碑志汇编》《厦门墓志铭汇粹》《厦门石刻撷珍》《厦门摩崖石刻》《鼓浪屿公共租界》等专著，《厦门纵横》《近代西人眼中的鼓浪屿》等译著，《延平二王遗集》《夕阳寮诗稿》《林次崖先生文集》等古籍整理，写作有关研究郑成功和鼓浪屿文化历史，以及有关地方史迹的学术论文四十余篇。

【内容简介】

口述中的人物邵循岱，其祖父邵积诚，福建侯官人，为同治七年（1868年）戊辰科进士，后任贵州布政使等要职，邵家因此成为福州望族之一。邵循岱后为厦门大学外文系教授，并曾任当时设立于鼓浪屿的鹭潮美术学校兼职教师。本篇由口述人何丙仲讲述二人于鼓浪屿相识、交往中的点滴故事。

口述人何丙仲

鼓浪屿上结识忘年交

邵循岱先生住在内厝澳1号,这个地方从前是会审公堂,新中国成立后区政府后面那棵榕树下一座很好看的洋房。我读中学时,大概1962年,听说有个厦门大学的教授住在这里。因为他是外文系的,我们读中学的也对他没注意。他高高瘦瘦的,小孩子看到他也没多大印象的。大概是在1963年的时候,有一天我在罗丹先生家,看到邵先生写给罗先生的一副对联,觉得:"哇,他的楷书写得蛮好的。"他的字是学褚遂良那一路的,写得很好看,记得那是一副五言的联。我当时正跟罗先生学书法,对他就有了印象。有一次我跟一个女同学(读书也读得很好的)说起在鼓浪屿还住着一个邵循岱先生,字写得蛮好的。她说:"我认识啊,我跟他很熟。"我问她怎么跟老先生熟的,她说名人都有肺病,邵先生也有这个病,在医院看病就认识了。她还说可以带我去他家。于是有一天我们约好去了邵先生家里,见到了邵先生。

邵先生是教授，年龄比我们大得多，我们很尊敬他。他这个人很和气的，没有架子。当时我也不知深浅，第一次见面就跟他要一幅字。他说："好啊，可是我的字写得不好啊。"他就送了一幅字给我。后来他觉得这幅字写得不好，还是托那个同学把字要了回去，说改天再写一幅好的给我，还欢迎我到他家里去。我那个时候才知道他住得离洪子晖家不远，他经常到洪子晖家去坐。"文化大革命"前，他在厦门大学任教，有课就去学校，没课的时候，他们几个老先生就在洪子晖家里坐着喝茶聊天。我家与洪家是世交，因友及友，我因为与邵先生有一段因缘，后来变成了无所不谈的亦师亦友关系，邵先生也把我当成他的忘年交，当我是一个孺子可教的年轻人。

经过一段时间的接触交谈，他知道我喜欢中国的古典文学。他就说自己翻译了三本书，在翻译《成吉思汗》这本书时，把全书卷首的一首诗翻译成《古诗十九首》的形式，是很传神的，即"鹰隼无羽翼，凌空自无力。人缺鞍马行，何由显赫赫"。

他认为这样的译法有南北朝时期的味道。"鹰隼无羽翼，凌空自无力"，这两句意指羽毛不丰就志无力，羽毛要丰就要读书。我觉得这位老先生很励志，很有意思，和一般的老先生不太一样。

他翻译作品都是从俄文来的。他家是福州的世家，他太太林榴英是林则徐的孙女。当时福州世家子弟流行去当外交官。所以他们几兄弟，每个人都去读外语，他大哥邵循正学英语、法语、波斯语等，二哥邵循恪也学英语，他则是被安排去学俄语，所以到北京的俄专去学习。后来却没有当外交官，而当了老师。

他们家几兄弟小时候是到陈太傅陈宝琛家里的私塾去上的学。陈宝琛，18 岁中举，21 岁登进士，曾经是光绪皇帝的老师。他说陈太傅很严厉，家里有个藏书阁，藏书是全福州最多的。当时老师把小孩子全部赶到藏书阁，一天不能下楼。小孩子一开始还在打闹，时间长了就哭哭啼啼了，只有晚上才能下来睡觉，三餐有保证。连续几天以后，哭到有气无力，没办法只好看书了，摆弄那些文房四宝。等野性收敛了，陈太

傅请的私塾教师才开始上课。我知道邵先生讲这些给我听,是想鼓励我在学问上不断追求上进,用知识把自己充实起来。

我家当时在鼓浪屿上的泉州路,他也经常来看我,关心我的学习。我们还经常到菽庄花园、港仔后去散步。他的学问,他在追求学问上的心得,就这样在不经意间体现出来了。他讲中国的古典文学,讲他的往事,讲他的学习经历。他说不一定学什么就会变成这个方面的专家,说不定以后会转向另外的学科去。像他的兄长,就成为蒙古史的专家,一开始也没有这样的准备。

邵先生是很关心年轻人的。他给我送过一些书,也写有书法作品送我,那张敬录弘一大师在俗时所作《金缕曲》的字,可能是他一生中写得最好的字了。他的后人也来拍过照。邵先生在我十八九岁的时候,对我影响比较大。当时我处于人生的迷惘时期,不能上大学,也遇到了很大的打击。但如果说我没有沉沦,没有灰心丧气,没有对生活失去信心的话,应多亏了邵先生的帮助,我终生不会忘记。

我高考的时候,因为家庭出身的原因,不能上大学。他知道这件事后,经常来安慰我。有一次他问我有没有看过《牛虻》,我说看过。他说:"里面有段话,你再去看看。"他当时就引用了这段话:"不过,生活毕竟是生活,你必须很好地面对它。记住有一个高尚而又神圣的事业,接受这一事业的心灵必须纯洁得不受任何自私的杂念影响。"他还说,成吉思汗也说过:"年轻真可贵!哪怕脖子上套着木枷,前途仍然闪耀着胜利的光辉。"碰到困难不要紧,要趁着年轻多看书,多学习,这样的青春才是可贵的,不学习将来什么都不会有。他让我不要沉沦,不要气馁,在困境中奋斗前行。这可能也是他们那一辈人的一种志向吧。这些看似不经意的话,却对我的一生起了很重要的影响。

由于不能上大学,我毕业后去当了工人。工作很辛苦,每天三班倒烧玻璃大熔炉,所以也比较少去见邵先生。这个时候我一直想着要找个事情做做。他便给我出主意,说上海新文艺出版社①还欠他几百块钱的稿费(当时几百块钱就算很多了),让他去要,有点不好意思,出版社

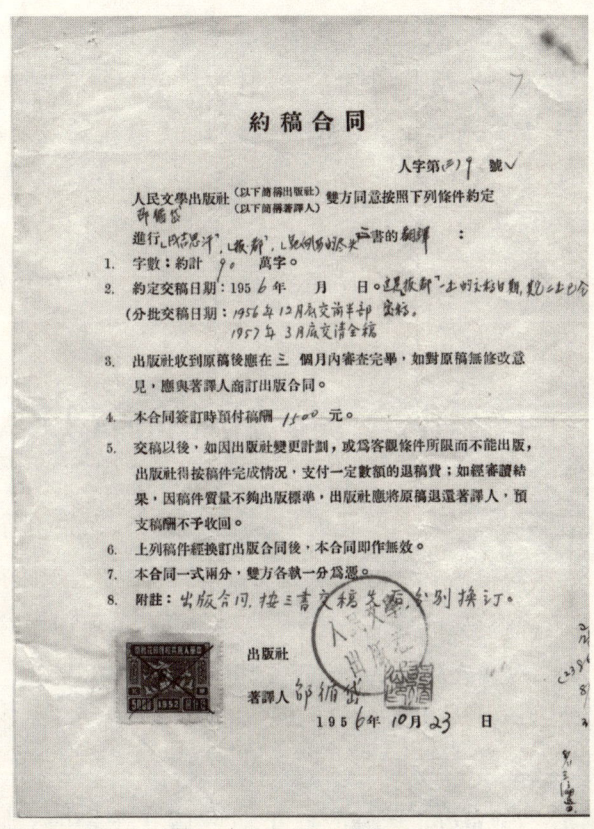

邵循岱在 1956 年与人民文学出版社签订的约稿合同,内容是翻译《成吉思汗》《拔都》《驰向河的尽头》三书,有邵循岱签名钤印

---

① 新文艺出版社 1952 年 8 月成立于上海,由群益出版社、海燕书店、大孚图书公司合并组成,后又吸收新群出版社、文化生活出版社、平明出版社、光明书局、潮锋出版社、上海文艺联合出版社和上海出版公司,主要出版中国古典文学、现代文学和外国文学翻译作品。1956 年 11 月,该社古典文学编辑室分出扩大成立古典文学出版社后,主要出版中国和外国的现代、当代文学作品。1959 年 7 月,与上海文化出版社、上海音乐出版社合并成立上海文艺出版社。http://baike.baidu.com/subview/3648835/3648835.htm,2015 年 12 月 12 日。

的朋友也说，可以弄个小东西出版，抵消以前欠的稿费。他说自己现在也没什么东西可写可翻，既然我对《楚辞》那么有兴趣，就把它译成现代诗歌的形式出版。以前我们经常谈论《楚辞》，我对其中的几篇很感兴趣，像《九歌》一篇，我是找了几个不同版本的来看，有郭沫若的，有文怀沙的。在他的鼓励下，我真的就从《东皇太一》到《国殇》，把整部《九歌》的十一篇全给翻译了，题目就叫《屈原九歌新解》。当时想的也是能够利用这个机会出版我的东西，如果能成，真是太棒了。我就利用工余时间写了这本书，但后来"文化大革命"来了。"文化大革命"期间，我们就不敢多来往了，他也没这个心思了，当时邵先生还没有退休。

一个婚礼，一场牢骚话引出的麻烦

当时还遇到一件事。"文化大革命"开始不久，邵先生有个儿子在龙岩工作，当时要结婚。女方是家庭安排的，就是陈宝琛的孙女，叫陈臻。可能是青梅竹马，或者双方家长早已经谈好了，所以虽然一个在东北的齐齐哈尔，一个在龙岩，两地分居，但邵先生却不在乎。他说只有这样才好，门当户对的家庭才能把传统的东西继承下去，两地分居的事结婚以后再说。

邵先生还特地备办了上好的宣纸，让我请罗丹先生给他们写了个四六对①的婚书。罗丹先生是有名的书法家，字写得很漂亮，写了两张纸。大家都高兴，就约定一起举办一个仪式，请几个好朋友来吃吃饭，就算把婚事办了。

那时三一堂旁边住着一个叫黄绍良的工程师。黄先生早年毕业于南京的名校，退休后依然风度翩翩，时不时和他太太在海边散步，真有

---

① 四六对也称四六文，是传统骈文的典型文体。此种骈文全篇以双句为主，注重对偶声律，多以四字、六字相间成句，故称四六文。

点神仙眷侣的样子。现在他家住的那个房子已经拆掉了,变成了三一堂的大门,本来是个两层楼的小花园洋房,黄先生住楼上,家里很干净。邵家简朴的婚礼就是在黄先生家举办的,我一位同学是邵家邻居,他母亲也是邵先生夫妇的朋友,就请她来帮忙做西餐。曾听说过她做的西餐非常地道,也是个很有故事的人,下面再说。

当天,邵先生让我携带新人和双方家长的六枚印章到罗先生的家,让他在已经写好的婚书上盖章,然后带回来。当我赶到时,黄先生的二楼客厅已经坐了不少人。我一看,除了邵先生夫妇、新郎新娘,还有黄绍良先生,以及自来水公司的总工程师傅晴波、著名女画家孔继昭和她漂亮的女儿,其他几位我就不熟了,总的有十四五位。这些先生中有好几位可能前不久都曾经被批斗过,比如我熟悉的孔老师就曾经被艺校定作"黑帮分子",所以熟人们见了面,总免不了发发牢骚。这也是我第一次到黄先生的家,只见客厅墙上居然挂了一幅黄君璧的山水画,画得棒极了,我一下子就被它迷住了。接着品尝西餐,头一回吃到书上写的"罗宋汤",果真好吃,也第一次知道喝汤时,用勺子的姿势要朝外。一味地开洋荤,以至于主人和宾客都讲些什么,我也不大注意。

"文革"中有一天,厦门大学的红卫兵来工厂找我外调,由我们单位"革委会"管人保的林干事带着来的。当时我很紧张,不知道要干什么。红卫兵问我:"你认识厦门大学一个叫邵循岱的人吗?"我说知道啊,鼓浪屿人怎么不知道。红卫兵说:"听说你和他关系很近,很要好。"我一听这话,就说:"我一个工人,和人家大教授怎么能关系好呢?这不对呀,谁说的,没这回事。"林干事在旁边也吓唬我说:"哈,你还跟'黑帮'搞在一起。有什么事,你要竹筒倒豆子,有什么说什么,坦白从宽。"我说:"真的嘛,邵循岱是厦门大学的教授,鼓浪屿人都认识,我跟他也没什么关系啊。"红卫兵说:"你不要再说了,我们抄他的家,抄出你的底稿,是什么《屈原九歌新解》。"我说:"哪是什么底稿啊,是作业本呐,我没事的时候练字写的。"红卫兵说:"什么练字,你给出版社准备出版的,工工整整的。400字的稿纸,红格子。"我一听完蛋了,但也

得强装没事。这个事变成了邵先生的一个罪状,说他毒害工人,连工人都要腐蚀拉拢。后来又问我去年某一天参加过什么聚会没有,那些人都说了什么话。红卫兵说邵循岱已经被他们管制起来了,什么都说了,让我不要替他隐藏了,现在只是找我证实。我说:"没有没有,只不过他们有几个都在鼓浪屿住,大家都认识。我是工人,人家都是名教授、工程师,也搭不到一起。人家找我做事,去得晚。我去之前人家谈什么我不知道,我去了后是没有听到他们谈什么的,绝对没有什么反党反社会主义的话。"他们也没有跟我争论,可能是相信我说的了,又吓唬我一顿,然后就回去了。

邵循岱先生被关了半年多,出来以后找到我说:"哎呀,你这少年人还好,不然我可能出不来了。"但他经过这件事后,身体明显不行了,一直生病,不久就过世了。

刚才讲到我那个同学的母亲,现在细说一下。我同学住在三一堂对面一栋红色的洋房里,跟我小学、中学都是同窗。他母亲对人和善,对我也很疼爱。我经常到他们家去,但从来没看到过他父亲。他母亲容貌很普通,我有时看到她在市场上买菜,也跟人家讲价,葱呀菜呀的也弄弄,就像个一般的家庭妇女,一点也不起眼。我这个同学钢琴弹得很好,在我们上小学的时候,1955 年或 1956 年,我经常去他家里听他弹钢琴,后来发现他母亲也会弹。我就觉得奇怪,看她买菜像家庭妇女,但钢琴弹得特别好,完全不像一个人。

她弹钢琴的时候,一些准备工作和别人也不一样。她会把窗帘放下来,光线要柔和,坐到钢琴椅子上还要停顿一会儿,然后才开始弹。她弹的时候,不管天地,不管旁边的人,非常投入。

还有一件事。我读中学的时候,很喜欢玩弄英文的老式打字机,也练着自己打字。有一次在同学家谈起来,我就说:"伯母,我会打字。"她问我一分钟能打多少字,我说这个没有测试过不知道有多少。她说:"什么叫打字合格?就是别人说话你要打得下来。"我一听非常惊奇,她继续说:"我年轻的时候,在洋行里做事,外国人讲到哪里我打到哪里,一字不漏,这个才够格。但现在我不知道还能打多少,因为好久没打了。"我记不起她说的是什么洋行了,但我觉得她真不是一般家庭妇女,对她肃然起敬。平时不显山露水,原来有这个本事,钢琴弹得那么好,打字像说话一样快,了不起。

很久以后,我听鼓浪屿的老人说,这同学的母亲年轻时真了不起,小时候就在瑞士生活了十四年,还在一所贵族学校受过教育。难怪英文那么好,打字那么了得,连罗宋汤也做得那么地道。有着如此令人羡慕的经历的人,无论如何也不能让人把她和眼前这位平凡到不能再平凡的普通人联系起来。想到这里,我不由得感叹起岁月的风霜。这位老人委婉地告诉我,她的婚姻并不顺利,所以她就把所有的爱都放到我同学——她的儿子身上。

多少年过去了,但我总无法忘记她那映照在钢琴后面洁白的墙壁上的身影,伴随着维瓦尔第的《四季》或门德尔松的《威尼斯船歌》优雅的旋律,萦回在脑际。后来我在许多场合都听到过这些名曲,但都没有找到当年那种感觉,那种只有在鼓浪屿,在我同学家中才能找到的奇妙的感觉。

感受到书画艺术的力量

像这样潜藏在鼓浪屿的人还是不少的,很多人不知道鼓浪屿有这么一种人物。你知道她的身世后,再听她的音乐,那感觉是完全不一样的,可以产生共鸣。这样的音乐才有穿透力,才能从心灵深处感动人。音乐和生活是联系在一起的,我们听 CD 片,听黑胶,都不能有那样的效果。对我个人来说,少年时代这样的机遇,也培养了我对音乐的热爱。

话说回来,邵循岱先生讲,他的兄长邵循正古文的基础特别好。曾任北京师范大学校长的陈垣(字援庵)先生过世时,邵循正的挽联是写

得最好的。他当时就给我背诵了,什么"不为乾嘉作殿军"①。他问我"乾嘉"是什么,我说是乾嘉学派②。又问我乾嘉学派是谁最好,我说王念孙,高邮王氏,很了不起的。他说:"你现在看高邮王氏没什么用,王念孙最好的著作是《读书杂志》,也是把精力消耗在考据上面,成就不大。"他对乾嘉学派似乎评价不高,他认为儒学还是要经世致用,学那些小学③、训诂、考究用处不大。

所以我一直很庆幸,一个中学生能认识到这些人。我是对这些人很崇拜的,而这些人也不嫌弃我年少无知。

邵先生写字也很有意思。有一段时间,我在家里经常看弘一法师的东西,包括他的书法作品。邵先生说他也很喜欢弘一法师的书法,认为弘一法师的书法是最好的。他写字是学褚遂良那一路的,他说自己写的那些字,还是有烟火气,有人间世俗的东西,但弘一法师的字就脱离了烟火气。

弘一法师以前有一本自己写的《金刚经》,刻了版印的,送了一本给我祖父。邵先生借去看,他说越看越有味道,看到手痒,看到一种新的境界。他认为看了这本《金刚经》后,对写字的认识有提高。他说:"我以前给你写的那个字根本不行,现在我要写一幅好的给你。"大概

---

① 邵循正为悼念陈垣所作的挽联为:"稽古到高年,终随革命崇今用;校雠捐故技,不为乾嘉作殿军。"此一挽联在学界评价甚高,认为是"为援庵史学在乾嘉朴学与新史学的此疆彼界间做了准确的定位",因此在评析陈垣史学研究时被经常引用。

② 乾嘉学派是清代乾隆、嘉庆时期思想学术领域逐渐发展成熟的以考据为主要治学方式的学术流派。因为此一时期的学术研究采用了汉代儒生训诂、考订的治学方法,与着重于理气心性抽象议论的宋明理学有所不同,所以有"汉学"之称。又因此学派的文风朴实简洁,重证据罗列而少理论发挥,而有朴学、考据学之称。其中的皖派,以段玉裁和王念孙、王引之父子最为有名。

③ 小学,又称中国传统语文学,包括分析字形的文字学、研究字音的音韵学、解释字义的训诂学。

在某个春天,他说最近很想写字,又说:"我很讨厌磨墨,磨完了墨,写字的情绪也没了。你经常给罗先生磨墨,今天就由你来磨。磨一个磨池的墨,完了后你送到我家里来。"他笔用自己的,是长锋的狼毫。他家里还有几张陈太傅从宫里带出来的纸。他这个人很讲究,写字的文房四宝都要好的,要精美的,最要紧的是情绪好。

那天我仔细给他磨了一池的墨。我家的墨也是很好的,磨好后会发出紫光,邵先生是知道的。磨好送到他家里后,这老先生正在看那本《金刚经》呢。点了一炷香,一个人静坐在那边,如坐苦禅。坐了半天,说可以了,就开始写了。那个纸还是我叠好的,他写的是《金缕曲》:"披发佯狂走。莽中原,暮鸦啼彻,几株衰柳……"①他说这是弘一法师最好的作品。邵先生留存在世的书法,以这篇为最好,墨又好纸又好,看了《金刚经》,情绪也酝酿得好。他写完字,点上一支烟,看着这幅字自己也说写得好。虽然还是褚遂良那一路的,但整幅字的气势很盛。我感觉到邵先生写字的要诀就是,不要在一笔一画上讲究技巧,要进入一种状态,要有一股一以贯之的气势。

后来他还写了一幅小小的字:"君子之交其淡如水,执相而求咫尺千里。"这幅字应该是邵先生和我这样忘年交的写照吧。这幅字他送给了我,我还保留着。

他还送我过商笙伯的画。有一段时间,我在学画,他看到后就把商笙伯的画送给我。他送的是一本商笙伯亲笔画的12张小品,他说放的

---

① 李叔同《金缕曲·东渡留别祖国并呈同学诸子》,全词为:"披发佯狂走。莽中原,暮鸦啼彻,几株衰柳。破碎河山谁收拾,零落西风依旧,便惹得离人消瘦。行矣临流重太息,说相思,刻骨双红豆。愁黯黯,浓于酒。　　漾情不断淞波溜。恨来年絮飘萍泊,遮难回首。二十文章惊海内,毕竟空谈何有!听匣底苍龙狂吼。长夜西风眠不得,度群生那惜心肝剖。是祖国,忍孤负?"作于1905年李叔同东渡日本留学之时。

时间久了，册子上有一点水渍。商笙伯①是上海很有名的画家，我以前还不知道，现在在拍卖市场他的画也是很贵的。老先生连这个都送给我，可见他对年轻人是多么期许和鼓励，这个画现在还在。

鼓浪屿了不起，就是因为有这批人。我有幸遇到这样一些灵魂纯洁、情操高尚的人，在我青少年成长时期，与他们交往吸收了非常丰富的营养。它不是教科书式的教育，而是在鼓浪屿这么个小岛上面，在言谈举止间，用自己奋斗的经历、努力来感染我。这样的事我不说没有几个人知道，恐怕现在厦门市知道邵循岱其人的，没有几个了吧？

他在厦门大学教的是俄语，还在鼓浪屿上的鹭潮美术学校（后来福州大学厦门工艺美术学院的前身）代过课，讲的是古代汉语。邵先生这一辈，共有九个兄弟姐妹。邵循正是老大，邵循恪应该是老二，邵先生排行老几还不清楚，别的兄弟姐妹现在也不清楚。

邵先生经常穿那种布扣子的衣服，汉服，安静又不起眼，门牙又长，讲的普通话带有纯粹的福州口音。平时有些孤傲，读书人嘛，拿着一个张伯伦式的拐杖，其实就是一个布雨伞。一个人好像一只仙鹤一样在路上慢慢走。看着就是一个鼓浪屿上普通的半老的老头，但他的后面就有这样一些有魅力的故事。我偶然认识他，深入他的生活中，豁然发现，他是我的一盏明灯，一直无私地帮助我。

---

① 商笙伯（1869—1962），名言志，字笙伯，以字行，号安庐，浙江嵊县（今嵊州）长乐镇人。清光绪三十二年（1906年）任江西省湖口知县，曾为张香涛幕僚。辛亥革命后居沪，专研国画，自称无师承，实师徐青藤、李复堂、李晴江、赵之谦诸家，在晚清、民国政府中从政数十年，洁身自好，学画不辍。民国初，在上海与名画家吴昌硕、王一亭、倪墨耕等过从甚密，艺术大有长进。擅长画花鸟、草虫，偶作走兽、人物，笔致淳雅，颇得明人之趣。作品多次参加世界画展，所作《桃花》于20世纪30年代在柏林"中国现代画展"展出，《葡萄》在旧金山万国博览会获金牌奖。抗战时期，拒绝出任伪职，为保护祖国珍贵文物，偕同吴昌硕、倪墨耕等义卖书画印谱，赎回被外商收买的东汉"三老讳字忌日刻石"，现藏杭州西泠印社。新中国成立后，被聘为上海文史馆馆员、上海国画院画师，为中国美术家协会上海分会会员。http://baike.baidu.com/link?url=bIGJuOKqMm6KqlveJptLuuzF-RK8GTedCK3Z9p7ac5kN7zC4tgfzAQOUqWPol1R2WB3wnseEZb1k5iv-rC33Dq，2015年12月12日。

厦门鹭潮美术学校第一届全体毕业同学及教师在1955年的合影（第二排右起第六人为邵循岱，此照为邵循岱存世不多的影像之一）

在我因家庭政治成分不能上大学的时候，他用"年轻可贵！哪怕脖子上套着木枷，前途仍然闪耀着胜利的光辉"来鼓励我时，我十分感动，以致于五十多年后我还能记得，在我一生中我都感谢他这样鼓励我。他说："不管生活怎么样，你还是读书吧，你正年轻，记忆力好，如果有知识了，有机会你就能发挥出来。如果不读书，腹中空空，机会来了你什么也没有。"这些话，在那个困难的年代里，支撑着我继续前行。

杨家七代人的木偶情缘

口述人：杨亚州、杨斯颖
采访人：王全成
采访时间：2017年8月24日、9月20日
采访地点：厦港恒达大厦亿典影视广告公司、厦门艺术学校会议室

【口述人简介】

杨亚州，著名的木偶布袋戏大师杨胜的长子、福建省非物质文化遗产保护项目漳州木偶头雕刻代表性传承人、法国国家戏剧中心青年剧院客座教授。

杨斯颖，杨亚州之子、厦门市思明区非遗保护项目木偶艺术代表性传承人、厦门亿典影视广告公司制片人。

【内容简介】

杨亚州、杨斯颖父子的口述历史，讲述了他们杨家七代人的木偶情缘：杨亚州高祖父杨乌仙带戏班子前往东南亚演出，遇台风而滞留闽南漳浦白石村，应村民邀请学木偶戏，而树起木偶戏班的旗帜；这个戏班传到杨高金（第三代）的手里，在漳浦和同安一带已很有名声；第四代传人杨胜青出于蓝，把北派木偶艺术创新发展到一个新高峰，成为名扬海内外的木偶戏大师；第五代，杨亚州兄弟多人又把木偶戏传播到世界。杨亚州和杨斯颖父子两人，也双双成为木偶艺术非遗传承人。

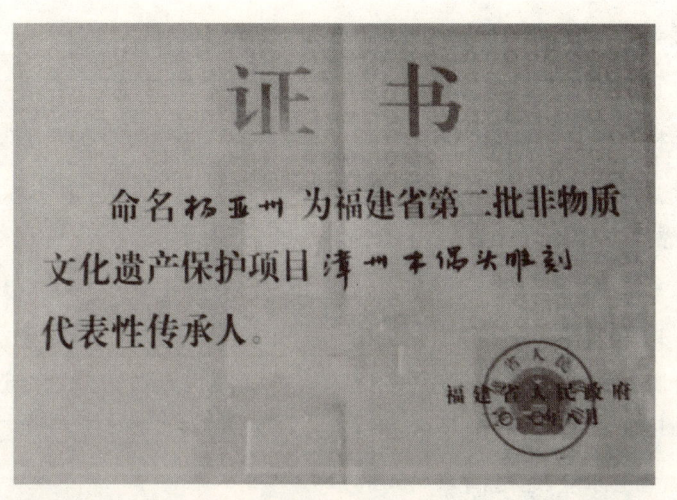

福建省第二批非物质文化遗产保护项目漳州木偶头雕刻代表性传承人证书

杨亚州：听我父亲说，我们杨家跟木偶布袋戏结缘要从爷爷的爷爷（高祖父）讲起。我的高祖父叫杨乌仙，清朝中期，他应约带戏班从杭州乘船前往南洋演出，途经台湾海峡时遇到台风，停靠在福建漳浦佛昙白石村。村里人很好客，热情接待前来避风的戏班，留他们在村里演戏。后来我的高祖父被村里派去学演木偶戏，拜漳州木偶戏名家杨月司为师，为"福春派"的入门弟子。这算是我们杨家在漳浦的第一代木偶戏演员。第二代是我爷爷的父亲（曾祖父）杨红鲳。第三代是我的爷爷杨高金。我们家的木偶戏班传到爷爷这一代，在龙溪、同安和厦门已经很有名了。民间有个说法，叫"高金布袋戏，一出五块四"，就是说，我爷爷的戏班演得好，演一场的戏金是五块四的大洋。这在当时是很高的收入。在我们家戏班里爷爷擅长演武戏，叔公则以文戏为长，善于演才子佳人。当时，在龙溪地区有好几个木偶戏班子。我们杨家戏班子叫"全福春"，人称福春班，属北派木偶戏，这可能跟第一代传人杨乌仙是从杭州戏班子来的有些关系吧。

北派木偶戏风格接近汉剧。泉州木偶戏为南派，受高甲戏、梨园戏影响较大。我爷爷杨高金脑子比较活，除了有自己的压台剧目之外，还

善于学习吸收别的戏班的剧目,所以戏路越演越宽,越演越有名。有一年,灌口(当时属同安县)庙会请了四台戏班子同场演出,戏班子之间暗中互相较劲。那时我父亲杨胜已经出名,尤其擅长演老虎,是同安一个戏班子的台柱。爷爷为了胜出,赶快叫人到同安把儿子叫来助阵。当晚,灌口宫庙前灯火辉煌,锣鼓喧天,四台戏同场开演。当我爷爷的戏班演到《雷万春打虎》的剧目时,场上的观众就相互传开说:"那只虎出来了!"纷纷往我爷爷戏台这边移过来。观众所说的那只虎就是我父亲杨胜演的。据说,连泉州戏班的头牌师傅也跑过来看。经过四台戏班同场比赛演出,我爷爷的戏班名号打得更响。我爷爷也得了个布袋戏状元的称号,这是清末年间的事。

我的老家在漳浦,但爷爷的福春班常年在同安一带演出,有时也到厦门岛的湖里一带演出。我爷爷说,同安沿海村庄物产丰富,村民好客又爱看戏。他们在那里演出戏金高,受到的招待又好,海蛎子管吃够。所以,他们一年有七八个月在同安演出。后来,我父亲杨胜还一度在当地成家立业。

我的奶奶早逝,为了谋生,我爷爷一根扁担,一头挑着戏箱子,一头挑着4岁的儿子(杨胜)走村串乡演戏。我父亲杨胜从懂事就看着大人排戏演戏,7岁就跟我爷爷学演木偶戏。我爷爷爱抽一口鸦片,往往演戏演到一半,烟瘾发作,就叫我父亲上台顶着演。久而久之,我父亲演艺越来越好,14岁时就成为知名演员,被称为"童子头手",就是说,还是少年就当头牌演员。

听说我爷爷脾气比较暴躁,跟别人说话议事一句话不合就争吵起来。跟雇主讲演出戏金,他开口说多少就是多少,别人一还价,他甩手就走。有一天在同安演出,戏班住在庙里,铺稻草打地铺睡觉时,我爷爷被稻草下的一块尖石子扎得叫起来,就大骂一声,火气上来,举起两尺长的旱烟管要敲我父亲的脑袋。父亲吓得逃出宫庙,躲到附近村庄的一个老主顾家里。

这个老主顾是戏迷,家里备有木偶戏的道具,就留我父亲在他家拉一个戏班子。这时,父亲已能撑起一台戏,又怕爷爷责打,就答应留下。不过,他提了个条件,新戏班要沿用福春班的名号。就这样,我父亲开始另立门户演木偶戏。这位老主顾寡居的嫂子有一个女儿,人长得很不错,他就说服嫂子把女儿嫁给我父亲。我父亲长得相貌堂堂又很会演戏,女方也很满意。就这样,我父亲17岁时就在同安一个叫后詹的村庄当了上门女婿。那是1927年的事情。结婚后,夫妻恩爱,生了两个女儿(大姐大我20岁,她长大出嫁后定居香港)。可是好景不长,日本鬼子占领厦门岛期间,同安沿海一带实施灯火管制防日寇飞机轰炸。这样,当地就不能演戏了。父亲从小学演戏,不会干农活,整天闲坐白吃。岳母担心家里坐吃山空,整天唠唠叨叨。我父亲烦不过,就劝老婆跟他回漳浦老家谋生。老婆放不下寡母,自然不肯。为此,我父亲离开妻女独自一人回到漳浦老家。那时,大约是1938年,我的大姐已经10岁。

回到漳浦老家,爷爷要我父亲挑起自家的戏班子。父亲思量再三没接受爷爷的要求,而被当地的另一个戏班聘用。那个班主家是大户。班主本人是当地几万人口的杨姓家族的族长,老婆是当时福州籍高官陈宝琛的丫鬟。我父亲回到漳浦后跟前妻断了关系。那位班主有一个养女,后来就成为我的母亲。我父亲再婚后,夫妻两人带着戏班子到处演戏谋生,戏班的名称也叫全福春。后来在漳州一个叫土坪村的地方生下我,一家人在那里住了好几年。

经过灌口庙会四台戏对演打出名声,请我父亲的戏班子演戏的人越来越多。为了不挤我爷爷戏班的活路,抗战胜利后,我父亲重新回到老地方演戏。他给自己画了一条线,不在漳浦本地,只在同安演出,后来才又拓展到厦门岛禾山一带。好多村庄都是提前一年跟我父亲定下庙会的演戏日期。湖里一带杨姓村庄特别喜欢我父亲的演出。有位侨眷很有钱,家里两座洋楼连成一片。她是我父亲的铁杆戏迷,老是追着赶场看我父亲的演出,还要请我父亲到她家演堂会,由于我母亲有微词才作罢。鼓浪屿杨家园别墅的主人杨先生也很爱看我父亲演的木偶戏,好几

次请我父亲到杨家园演出。我父亲在厦门、同安一带演戏,一直到临解放才又回到漳浦。我外婆虽是丫鬟出生,但毕竟在官宦人家待过,行为举止跟一般农家妇女不一样。外公家的房子是三进大宅,门口有一个大埭。每年冬季放水捉鱼,外婆站在埭岸边,手杖一挥说,那片的鱼留给自家,其余的分给雇工和村里人捉。到那时节,我外公外婆家到处是鱼干和腌鱼。住在外婆家时,我吃鱼吃得怕了,一坐到饭桌前就闹着不吃鱼,外婆就特地做其他菜给我吃。外公看不惯,就责怪外婆说:"又不是亲生的,那么惯他干什么?"意思是说,我是他的养女生的,跟他没有血缘关系,何必那么宠呢。我外婆不以为然,回外公说,世间子女可以是抱养的,孙子则是亲生的。至今我对外婆的印象还很深。

新中国成立以后,我父亲继续以演木偶戏为生,技艺越演越高。1953年,漳浦县成立艺光木偶剧团,由我父亲当团长。1960年9月,艺光木偶剧团与南江木偶剧团合并组建龙溪专区木偶剧团。我父亲任团长,南江团的领军人物郑福寿为艺术顾问。从那时起,我们全家搬到漳州市区住。

在这前后,中国的木偶戏演艺界发生过一系列大事件。1952年,当时的苏联文化代表团来新中国访问。代表团中一位名叫奥布拉兹卓夫的成员,是苏联木偶协会主席。他提出希望有机会跟中国的木偶戏艺术家联欢。当时北京没有专业木偶剧团,周总理要求文化部赶快组建。文化部马上发文给有关省市,要求挑选推荐优秀木偶戏剧团和演员。接到任务后,华东地区准备在上海组织会演。当时的福建省文化局长陈虹,是漳州人,他下到漳州组织龙溪专区木偶戏会演。会演进行到一半,陈虹没看到我父亲上台演出,就追问漳浦的"童子头手"杨胜怎么没来。地区文化部门管事的人回答说,已经通知了杨胜,但他说没路费不能来。陈虹当即表态,赶紧催他来,再不来就把他绑来。任务紧急下到漳浦县佛昙镇,镇政府急忙补助30元给我父亲做路费。第三天,我父亲从老家步行,连夜翻过朝天岭,抄近路到龙海浮宫,再乘船沿九龙江溯水到漳州,赶在会演的最后一天上台表演。当他演到《雷万春打虎》中老虎出山的情节时,坐在台下观摩的陈虹当即站起来表态说,就派杨胜参加省里会演选拔。1954年,经过在福州举行的全省会演,我父亲又被推荐参加华东地区的会演。在上海参加会演时,我父亲表演了《蒋干盗书》《雷万春打虎》两个剧目,获得到场观摩的戏剧界专家的一致好评,得到会演特等艺术表演奖。在会演后的座谈会上,专演蒋干的著名戏剧演员肖长华称赞我父亲,让扮蒋干的木偶戴上眼镜写毛笔字,不仅精彩,而且创新。还有名家说,在京剧中老虎多是趴在地上的,相当呆板,而杨胜用手掌把老虎演活了。最后,大家一致推荐我父亲主演的这两个剧目进京参加集训。上海电影制片厂也临时安排,将我父亲主演的《蒋干盗书》《雷万春打虎》两个剧目拍成中国首部彩色木偶戏影片。

上海会演后,我父亲就马不停蹄地赴京参加全国木偶皮影戏集训,集训结束后就随团出访苏联。1954年,苏联木偶专家又来北京,刚好我父亲随团访问东欧回到北京,就跟奥布拉兹卓夫见上面。在招待会上,奥布拉兹卓夫跟我父亲合影留念。1956年,我父亲又随团出访瑞士。之后,又应邀到法国演出。当时,法方只要求演出《雷万春打虎》。中方原准备两个木偶戏剧目连演,现在抽掉一个就填不满演出时间。看到我方的领队很着急,我父亲就建议临时上杂技木偶剧《大名府》,也由他主演,哑剧不用配音,可以救场。领队采纳了我父亲的建议,圆满完成在法国的访问演出。

我父亲的前半生从乡村草头戏班到县剧团,再到地区剧团,演艺生活发生了很大的变化,特别是担任地区木偶剧团团长之后,演艺生涯达到巅峰。1960年9月,罗马尼亚首都布加勒斯特举行第二届世界木偶与傀儡联欢节比赛,我父亲和陈南田等人随中国代表团参加联欢比赛。他和陈南田合作,用精湛的技术演出经典剧目《大名府》和《雷万春打虎》,获得金奖。在布加勒斯特演出时还有个趣话。有一位外国艺术家看到我父亲演的木偶能拿着扇子扇后背扇屁股,又惊奇又不服气,就转到后台,要求让他试一下。我父亲把操纵木偶的一根小木棍取下,那位艺术家不知底细,不管怎么操纵木偶就是表演不了用扇子扇后背扇屁股,连忙对着我父亲竖起大拇指说"神手"。这个趣话还登了报纸。

上海美术电影制片厂将我父亲表演的经典木偶戏剧目拍成电影《掌中戏》，将他的演出概括形容为"一口说尽天下事，十指牵动万人心"。我父亲主演的《雷万春打虎》《蒋干盗书》被拍入《中国的木偶艺术》中。

1956年，北京戏剧学校（中央戏剧学院的前身）招收一期木偶戏学员班，为组建中国木偶戏剧团培养演员。我父亲到苏联巡回演出回国后，就被留在北京戏剧学校任教。

在国内参加多次会演，又出国演出和交流，后来在北京任教期间，我父亲又接触不少优秀的同行，眼界大开，就开始思考对木偶戏进行改革创新。

杨斯颖：听上辈人说，又看了一些相关资料，我了解到我爷爷杨胜作为木偶戏一代大师，对木偶戏进行了一系列改革，奠定了当代北派木偶戏表演的基本模式。历史上，福建的木偶戏分为南北两派。南派盛行于泉州一带，唱的是南腔，表演采用梨园派的做派，风格比较婉约细腻。北派流行于龙溪一带，唱的是北调，表演采用汉剧、京剧的做派，木偶的脸谱也靠近京剧演员的脸谱。旧时，木偶不到一尺高，舞台也只有五尺宽，演员坐在凳子上表演。我爷爷吸收其他剧种的长处，将木偶增高到一尺二，舞台加宽到一丈二，演员站着表演，动作幅度变大，又可以走动，解决了木偶在演员之间传递表演的难题。木偶还穿上彩色裤子和龙头靴，从只有上半身动作变成全身有动作，表演更为精彩逼真。我爷爷对中国木偶戏的发展做了大贡献，国家和人民也给了他很多荣誉。他先后被选为中国文联委员、中国戏剧家协会理事、省人大代表和政协委员等，还被聘为苏联戏剧家协会名誉会员。1960年，我爷爷出席全国文教战线群英会，前后两度荣获全国劳动模范称号。我爷爷为传统木偶戏改革开了个头。在他之后，木偶戏继续创新发展。1990年，木偶戏《钟馗元帅》设立第二表演区，舞美设计也有创新，观赏性得到很大的提高。2001年，电视木偶剧《森林里的故事》获中宣部"五个一工程"奖。2011年，漳州木偶戏首登国家文化部春晚舞台。木偶戏和道具木偶头雕刻一起被列入国家非物质文化遗产名录。

杨亚州：新中国成立前，我父亲大部分时间在厦门农村地区演出，并在那里建立第一个家庭。新中国成立以后，他跟厦门的情缘也没断。我记得，有一年他带团到厦门，在中山路的一座剧院连续演了一个月左右。因为是暑假，我也跟着去，印象很深。1960年，鼓浪屿创办郑成功纪念馆，请郭沫若来厦门指导。在此期间，有关方面为安排郭老的业余文化生活动了很多脑筋，最后是邀请我父亲带演员到鼓浪屿给郭老表演木偶戏。郭老是中国文化文艺界的权威专家，什么戏都看过。没想到，那天看到我父亲演《雷万春打虎》时兴致很高，好几次走到戏台后看演员是如何操纵木偶做复杂精彩的表演。演出结束后，郭老赞赏之余，又挥毫写下《西江月》一词，对我父亲等演员的表演给予褒奖和鼓励。

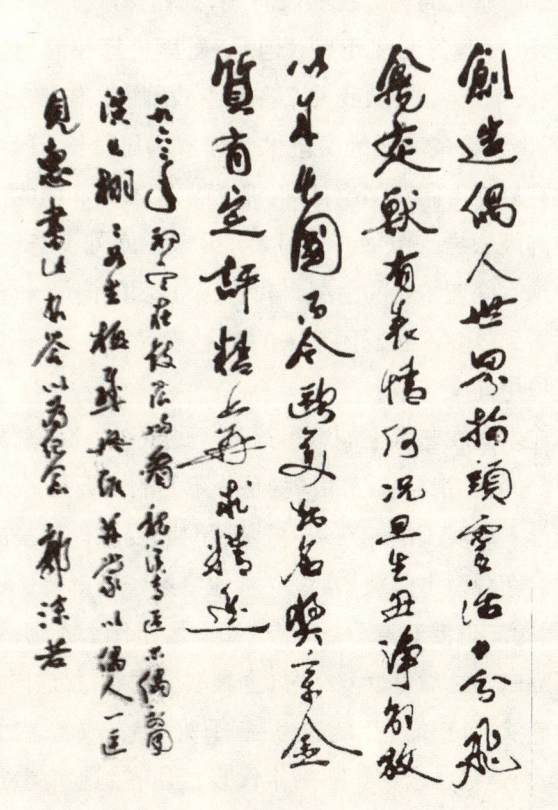

郭沫若题词

这首词是这样写的:"创造偶人世界,指头灵活十分。飞禽走兽有表情,何况旦生丑净。解放以来出国,而今欧美扬名。奖章金质有定评,精上再求精进。"郭老的这张题词一直挂在当时的龙溪木偶剧团展览室里。"文革"期间,它被红卫兵抄走,不知去向。到1980年,一位收藏爱好者辗转将这张题词赠给时任漳州木偶剧团业务团长杨烽,也就是我的二弟,后来二弟交给我收藏。1992年,二弟从美国回乡探亲,我们兄弟俩商量后,觉得将郭老的这张真迹捐献给国家比我们自己收藏好。这样我们就将这张题词捐献给漳州市博物馆。漳州市博物馆很高兴,因为它是馆里唯一一幅郭沫若的手迹。

我父亲在北京戏剧学校任教先是借用,后来学校通过上级部门向福建省有关部门联系商调。在那段时间,我们一家被暂时安置在漳州第一招待所,随时准备迁往北京。但是,省里打算在漳州创办艺术学校,便不放我父亲走。这样,我父亲在北京戏剧学校任教三年左右又回到漳州,担任新创办的龙溪地区艺术学校木偶科科长,开始带新学员。当然他也没有放弃木偶戏演出,不时带领地区木偶剧团的一个分团给前来视察的高级领导人献演。1963年,国家主席刘少奇访问印尼,我父亲作为中国木偶艺术团的主演,与武汉杂技团的演员一起随团出访。印尼的华侨看到故乡木偶剧团带去的精彩节目很高兴,一些漳浦籍的华侨华人还纷纷前来认亲。

我父亲在木偶戏艺术上能取得这样大的成就,除了家族的传承之外,跟他刻苦学习和精益求精的精神是分不开的。听我父亲说,他7岁开始跟爷爷学木偶戏表演。爷爷对他很严格,要求他手浸冰水锻炼手指的灵活性。在观摩木偶演出时,要求他看第一遍就要认识一出戏的所有角色;看第二遍要知道分场,记住哪一场出什么人物;看第三遍就要记住全部唱白。之后就反复练习,直到滚瓜烂熟,就这样我父亲很快就学会演木偶戏。14岁那年就成为"童子头手"。成名之后,我父亲并没放松自己,而是精益求精。那一年代表福建省到上海参加华东地区木偶皮影戏会演时,他为了在《雷万春打虎》剧中把老虎演得更活,就好几次跑到上海动物园去观察老虎的各种动作和神态。为了让木偶能够自如地开伞合伞，他把自己关在饭店房间制作道具，模拟演练，经过无数的失败，最终取得成功。在现场演出中，我父亲将这动作用在钟景琪这个角色上，赢得全场的掌声。

木偶1 　　　　　　　　　　　　　木偶2

我父亲高超的木偶戏表演艺术和名声传播到海内外，不仅吸引了众多的戏迷，还引来一些爱好者慕名向他学艺。日本有一位叫宫田大刀夫的左派话剧艺人，看了演我父亲的电影《掌中戏》之后赞不绝口，就向我国外事部门提出要来漳州向我父亲学木偶戏。有关部门经过反复研究，提出一个折中办法，让我父亲收他为函授生，定期寄一些教材给他。据说，宫田大刀夫学成之后，自己创办东京铜锣木偶剧团。后来，宫田大刀夫随日本田中首相来华访问，周总理还看了他演的木偶戏。1972年，宫田大刀夫又随日本齿轮座剧团访华团来我国访问。他提出要到漳州来拜见师傅，这时我父亲因遭受迫害已逝世多年。有关部门只好让我给他回信说父亲已经病逝。宫田大刀夫听了十分伤心，就写了一篇文章登在《文汇报》上，题目叫《未曾见面的师徒》。改革开

放之后，外国人进出中国方便了。宫田大刀夫又一次访华就专程来到我家，跪在我父亲的遗像前行三叩九拜大礼。台湾很多居民的祖籍地是漳州。木偶戏在台湾也很流行，那里很多木偶戏艺人也以我父亲作为北派木偶戏的宗师。台湾布袋戏大师李天禄从一位日本人那里看到拍我父亲木偶戏演艺生涯《掌中戏》影片，大为赞赏。后来，他的儿子到大陆来，特地请泉州一位跟我相识的雕刻艺人，带他到我家。这人在我家看到我父亲的遗像，赶忙跪下磕头，我劝他免礼，他说给老宗师上香是应该的。

可以这样说，我父亲将毕生的精力用在木偶戏表演和创新发展上，是当时漳州乃至全国木偶演艺界的一张名片，受到广大观众和同行的高度评价。可是他没想到在事业处于巅峰时却遭到无情的打击和迫害。"文化大革命"开始后，我父亲是漳州文艺界第一个被揪出来批斗的名人，安上刘少奇"修正主义文艺黑线"人物的罪名。他被红卫兵戴高帽游街。批斗他的有些是他的学生。平时，我父亲对学生很好。在经济困难时期，他逢年过节给每位学生包五元钱红包。这时，这些斗他的学生却说，这是收买人心。对此，父亲特别想不通。好几次挨批斗回家后，我看到他气得用双手猛击自己的胸脯。我父亲凭着执着的敬业精神和精湛的技艺，在木偶舞台上创造出一个个精彩的艺术形象，给观众带来了欢乐，给国家赢得了荣誉，如今却遭到这样的打击，他怎么想得通。父亲被批斗，家里也受到连累，我在学校被红卫兵组织开除，一下子就从"红五类"变成"黑五类"。

后来我父亲被长期关进学习班。由于心情极度郁闷，身体越来越不好，发了高烧。知道这消息，我找学习班领导要求让我父亲住院治疗。可是那位领导却说，学习班有医务室，不用到医院治疗。医务室的医生给我父亲诊断检查，建议得送医院治疗才行，那位领导才同意我们接走父亲。当我们雇了一部三轮车把我父亲送到医院时，院方却说，你父亲是有名的"黑帮"人物，医院不能收治。我无奈，只得东找西托通过熟人说情才让父亲住进医院。一检查发现是肺结核，在那个缺医少药的年代,肺结核是很难治疗的。我们要求用进口药品给父亲治疗。主治医生说,给你父亲治病已经承受了很大压力,要上进口药实在为难。父亲住院治病,有不少费用要自己承担。我父亲原来一个月工资有160多元,属于高工资了。可是那时每月只发给20元生活费。为了支付父亲的医疗费用,我们把家里稍微值钱的东西收集起来卖掉。其中就有一只父亲钟爱的瑞士手表,那是到瑞士访问演出时,瑞士一家手表厂送给他的,他一直很珍惜。但为救父亲的命,我们只能卖掉它。这时定居香港的大姐得知父亲病重,寄来400港元救急。可是,由于耽搁了治疗时机,并发脑膜炎,父亲最终还是离我们而去。父亲的逝世,使我们家失去了顶梁柱,而且还欠着医院100多元的住院费,我们家实在拿不出这笔钱。在万般无奈的情况下,我和弟弟,还有几位亲戚,趁天未亮用板车把父亲的遗体偷偷从医院拉出来,直接送到火化场火化。每每想到这一幕,我的心就很酸很痛。

好在人间自有公道在。"文革"结束,拨乱反正,中央层面给全国近百名遭到打击迫害的文艺界著名人士平反。我父亲也在这一名单中,头衔是木偶戏大师。在漳州,有关方面开了平反大会,给我父亲颁发了平反证书,还举行了隆重的骨灰安葬仪式。国家文化部、中国戏剧家协会,还有省市相关部门的领导出席了仪式,悼念我父亲,慰问我们家属。这时,我才从内心深处感到父亲可以安息了。

我们杨家是木偶戏世家,传到我这代是第五代了。我们兄弟四人,也都继承了先辈的事业。我二弟杨烽,从小调皮,不爱读书。有一次他偷偷地把一只昆虫放到一位女同学的书包里,吓得那位女同学尖叫起来,扰乱了课堂秩序。学校吓唬要开除二弟,他就趁势闹着不去上学。父亲对他说,你要是真的不愿意上学,可以跟我学演戏,但是要准备吃苦。二弟表示,他宁愿吃苦学演戏,也不再上学。就这样,只读到小学三年级的二弟走上木偶戏演艺生涯。我们兄弟四人到了一定的年龄,父亲就用业余时间教我们学木偶戏。二弟虽然调皮,却很灵巧,正式学戏后进步很快。刚开始,二弟在木偶剧团当学徒。1962年,剧团应邀

到上海美术电影制片厂拍戏剧片《大名府》。二弟只是学徒自然不在出差的名单中,他知道后闹着要去,还用绝食抗议。带队的父亲很为难,就跟剧团书记商量该怎么办。剧团书记考虑再三,表态让我二弟跟团打杂。又过一年,这家电影厂拍纪录片《掌中戏》,记录我父亲杨胜的艺术生涯。导演虞哲光看到我二弟很机灵,特地在影片中给他几个镜头。虞导还将二弟的姓名从杨亚潭改为杨烽。我父亲问,为什么不用山峰的峰?虞导说,这孩子演戏很有灵气,将来有出息,所以要取山峰上的烽火台来做名字。说来也真应了虞导的真言。后来,二弟的演艺水平提升很快,成为剧团的一把好手,到了20世纪七八十年代就已是著名的木偶表演艺术家。1981年,赵林初看了他的表演后,作诗道:"昔闻传说偃师能,曾谴君王加当真。今见指挥真做假,能叫海客叹如神。"后来我二弟接了父亲的班,担任漳州木偶剧团业务团长。现在,二弟出国定居美国的西雅图。在那里,他组建了自己的木偶剧团,继续从事自己心爱的演艺事业。

我的三弟杨辉和四弟杨煌也是漳州木偶剧团的演员。后来三弟也出国发展,现定居法国巴黎,在一家演艺中心当木偶戏艺术总监。我的三弟媳是法国人,她也跟着三弟演木偶戏。只有四弟到美国定居后改行开中餐厅。

刚才说了,我读初小时课余也跟着父亲学习演木偶戏。可是我的性格比较内向,不爱演戏,而对木偶头雕刻和绘画产生兴趣。演木偶戏离不开木偶头,雕刻木偶头又要懂得绘画。早时的戏班子里有人负责雕刻木偶头。二伯就会雕刻木偶头,我就跟他学。我们家安在地区艺术学校宿舍时,大门对面就是上美术和雕刻的教室。老师上课时,我就端着饭碗站在那里看。上美术课的老师叫沈翰青,是浙江美术学院的高才生。我父亲看见我对美术有兴趣,就带我拜沈老师为师。沈老师说:"要画可以,但你要先帮我洗一年的调色碗。"为了学绘画,我就真的天天帮沈老师洗调色碗。老师的目的是考验我,过一段时间就开始教我学画。从素描教起,学了一段时间,沈老师就叫我把研磨好的墨水泼到一张画纸上。我很不理解，想这怎么叫画画。后来看到沈老师拿着画笔在上面勾勾画画，一张画的框架就显现出来了。沈老师说，这是国画的一种，叫泼墨画。我一边上学，一边跟沈老师学画，几年后也学会了泼墨画。有一次，漳州举行中小学生绘画比赛，我也参加。那天我从就读的学校走到漳州一中赛场，迟到了将近半个小时。虽然比别人迟动手，我还是比较快地完成了画作。监赛老师看我画的是一幅泼墨画，就问我跟谁学的。我回答说跟艺术学校沈翰青老师学的。监赛老师"哦"了一声，说怪不得你这么小就能画这种画。在这次比赛中，我的作品获得一等奖。

　　学了一些绘画基本功后，我父亲又带我拜漳州名气很大的木偶头雕刻师许盛芳学雕刻。许老师这时已从漳州调到厦门鼓浪屿的工艺美术学校。听说要带我到鼓浪屿拜师，我高兴得一个晚上睡不着觉。一是因为我终于可以正式学雕刻木偶头了；二是我之前还没到过鼓浪屿，听人说，鼓浪屿很漂亮，这次有机会去看看了。第二天，我们来到鼓浪屿，许老师热情地接待了我们。谈起学雕刻的事，许老师考虑后说："你现在还小，拿不稳刻刀，还是先从泥塑学起。"这样，学木雕的事只好先搁下。我一边学泥塑，一边继续跟二伯学点木雕技艺。毕竟我二伯是土师傅，没办法系统地教我木雕技艺，但是我并没放弃学习美术工艺的志向。1972年，我下乡插队的公社招收一名福建师范大学工农兵学员，是中文专业的，我别无选择地上了师大中文系。在福师大，我上午听本专业的课，下午跑到艺术系听课。大学三年，我既拿到中文系毕业证书，又学习了不少工艺美术理论，为今后的木偶头雕刻和在中学教美术课打下基础。

　　我真正走上木偶头雕刻艺术之路是1978年许盛芳老师退休回石码之后。那年，我利用暑假住到许老师家里。许家有木偶头雕刻艺术传内不传外的家规。我是外人，怎么办呢？许老师想了想说："我跟你爸亲如兄弟，教你也算没破家规吧。"许老师收我为徒之后，倾心教我。之前我已有绘画和雕刻基础，许老师就将五六年的教程压缩到几个月

传给我。我从选材、下料开胚、粗胚雕刻、细刻修光到补上粉土,再到粉头过蜡和植胡髯套头发,一道一道工序,一个一个环节地学习实践。雕刻木偶头选樟木最好。因为樟木木质细软,木纹细直,且含樟脑油可防蛀。许老师曾带我进山找木料,还一起到乡下帮他为村庙雕菩萨。学木偶头雕刻是很辛苦的。选料之后,先要锯和砍,这是要花力气的。接着要长时间地坐在工作台前一刀一刀地雕刻。刻刀很锋利,稍不留神就划伤手指,血流不止。经过一番用心学习,我终于掌握了木偶头雕刻技艺。可以说,从此一把刀、一块木头,决定了我一生的命运。

  从福师大毕业后,我分配到漳州一所中学任教,所以只能用业余时间雕刻木偶头。双休日和寒暑假的早晨和晚上较少有人来走动,可以专心工作,我就抓紧这两段时间雕刻木偶头。早期属于自娱自乐,刻好的木偶头摆在工作室和学校的休息室里,前前后后共有100多件,闲暇时自我欣赏。一些爱好者也会来看一看,议一议。直到20世纪80年代,泉州一位雕刻师带一位台湾的木偶爱好者来到我家。这位台湾同胞看到摆在工作室里的各种各样的木偶头,表示很感兴趣,提出要购买。我舍不得,说雕这些木偶头主要是自己收藏欣赏,不想卖。他说只要我肯卖,价钱好商量。看到对方很有诚意,我就开价每个50元。当时木偶头一般一个卖20元,我开价50元,对方没还价,并且把我所有的木偶头都买走。我一下子变成了万元户。当时家里有万元收入是很令人羡慕的,社会上流行着一句话:"谁叫富,万元户。"

  有了这样的第一次交易,我一发而不可收。利用一切能利用的时间雕刻木偶头,还跟泉州一带的木偶头收藏者挂上关系,一段时间就挑两蛇皮袋的木偶头到那边去卖。这时我才看到木偶头雕刻的经济价值,看到自己的手艺这么值钱。后来,泉州一位退休的木偶剧团团长,是我二弟的朋友,找到我说,他要自办一家木偶剧团,让我帮助他雕刻一批木偶头。我对他说:"我学的是北派木偶头雕刻,你要的是南派木偶头,可能帮不上忙。"他说不要紧,可以把南派的各种角色的木偶头拿来让我借鉴。就这样,我不仅帮了二弟这位同行朋友一个忙,还掌握了南派木偶头的雕刻要领。从那以后,我的木偶头作品销路扩大了,不仅漳州和泉州一带不时有人买,还有一些台湾收藏爱好者也慕名前来购买。还有一件趣事。有一年漳州木偶剧团领导给我打电话,说有一位法国人来漳州旅游,想看看木偶头雕刻艺术,问我愿意不愿意接待一下。那时我还在学校,心想外宾来可不能怠慢,就从学校赶回家里。见面才知道,这位法国人是法国驻华大使馆的一秘。这次是由一位台湾女士陪同来旅游的,顺道参观漳州的木偶艺术。应客人的要求,我为他们表演了木偶头雕刻。这两位客人兴致勃勃地观看。回到酒店后那位台湾女士打来电话,说她的同伴,也就是那位法国驻华使馆一秘要买两个木偶头。当天晚上我挑选出两个有特色的木偶头送到他们住宿的酒店。告别时,那位法国人拿出一张名片送给我,没想到这张小小的名片日后还派上大用场。

我虽然学的是中文专业,但我进修过工艺美术专业,还有绘画和木偶雕刻技艺,所以在中学也教美术课,一段时间还教学生雕刻木偶。真正走上木偶雕刻教学岗位是 1978 年。当时,我二弟杨烽担任漳州木偶剧团业务团长兼艺术学校校长。艺校办木刻班,就请我去兼课。前面说过,我三弟杨辉在法国巴黎一家艺术中心当木偶戏艺术总监。2004年,经过我弟弟推荐,法国国家戏剧中心发来邀请函,说他们将举办一个木偶艺术研修班,请我前去教木偶雕刻工艺。这可是一件大事,学校同意让我请假一个月,再加上暑假,前后有 3 个月时间可以出国任教。我是第一次出国,没经验,只带了法方邀请函、有关部门开具的介绍信和一些身份资料就上北京到法国驻华使馆办签证。大使馆工作人员看了这些资料之后说,办签证需要很多资料,填好几张表格,你这样不行。我正为难,突然想到口袋里有上次到漳州的法国一秘名片。我拿出名片,对方接过一看,态度就变了。他说:"你认识名片上的人?"我就说了那位一秘到漳州和我认识的经过。这时对方说那是他的上司。原来,那位法国人已经从一秘升任文化参赞了。那人还请我进大使馆喝咖啡。第二天,我再到法国大使馆,工作人员说他们的上司出差,但已

指示要尽快办好我的签证，这样就一切顺利，一路过关，很快就拿到签证。

厦门没有直飞巴黎的航班，要到香港转机。我平时穿着比较随便。从深圳出境到香港那天，我穿一套运动衣裤，一手提行李箱，一手拿一只蛇皮袋。因为临出发时，三弟打电话要我带几个木偶到巴黎做礼物送人。由于仓促来不及装在箱子里，就将十几个木偶塞进蛇皮袋。海关人员看我这么土，哪像是要到巴黎当教授的样子，就说我的护照有点问题要查验一下，第二天再出关。这下子我可着急了，一来担心耽误行程，二来身上带的是外币，人民币很少，在深圳住酒店都不够。好在三弟叫人从香港送钱过来才解决了难题。我的护照和签证货真价实，海关查不到毛病，第二天就放我出关往香港坐航班。

到了巴黎，我到移民局办理短期工作签证。移民局工作人员看了他们国家戏剧中心发给我的邀请函，竖起大拇指说："你们中国人一般是来法国求学的，像你来这里教我们的，很少很少。"那期木偶艺术进修班设在法国国家戏剧中心斯特拉斯堡 TLP 青年剧院，参加的是美术院校学生。在这里，三弟教木偶表演，这是他的拿手好戏。我教木偶雕刻也是轻车熟路，不过我不会法语，上课要三弟当现场翻译。早在 50 多年前，我父亲就曾经在巴黎进行过木偶演出，还很轰动。记录他表演的经典木偶戏剧目的电影《掌中戏》也成为巴黎木偶戏剧学校的经典教材。看来我们父子三人都跟巴黎有缘呢。

在青年剧院教学过程中，还发生了很多趣事。比如，有时三弟有事不能来课堂给我当翻译，我就成为哑巴老师。学生提问，我只能比划比划，看来出国不学外语真不行。还有，西方学生的学习习惯跟中国的学生不同。有一位学生把木偶头刻歪了，眼睛一大一小。我故意笑着说："OK，毕加索！"那位学生听了还很高兴，以为我是在表扬他。这说明西方的学生比较浪漫。还有一次，一位学生把木偶头的嘴刻歪了，人还不知去哪儿了。我拿起刻刀帮他把作品修了修。旁边一位女学生连忙对我摇头说："NO！NO！Ygang！"还赶快跑去找那位刻歪了木偶头的学生。三弟看到了，连忙对我说，西方学生有很强的独立性，不喜欢别人修改他的作品，这叫尊重个人创作。在国内学校，学生很喜欢老师批改他们的作业。老师批改越认真，表示对他越重视。看来什么事都得入乡随俗。

从法国回来后，我继续一边教学，一边雕刻木偶头。2011年，我已经从中学退休。这年，上海戏剧学院招收首届木偶雕刻本科生。来漳州招生的老师是我父亲早年的学生，知道我懂行，又到法国巴黎教过雕刻艺术，就打电话邀请我到上海戏剧学院任教。半个世纪前，我父亲到上海参加木偶戏会演出了名，后来又应邀率团到上海美术电影制片厂拍关于木偶戏题材的电影，结交了一些同行朋友。现在，我也跟着父亲的脚步来到上海。不过我不是来表演的，而是来当教师，教书育人的。上海戏剧学院木偶教研室主任赵根楼是1961年上海木偶剧团的学员，跟我二弟杨烽关系很好。在上海戏剧学院教书时，我跟他也很谈得来。我也尽心尽力教学生，把他们带到专业课结束。将离开上海戏剧学院时，我碰到一件很高兴的事。赵根楼告诉我，上海美术电影制片厂著名导演虞哲光的孙子打电话说，他要送我电影《掌中戏》的磁带。我听了高兴得不得了。我只在巴黎任教时看过这部影片，可能由于年代久远，放映时雪花点很多，不清晰。虞哲光是《掌中戏》的导演，家中保存有这部电影的拷贝。现在他的孙子要将电影拷贝转录为磁带送给我，真是求之不得。当我和家人从那盒磁带中再次看到我父亲当年表演木偶经典剧目的风采时，心里真是十分感谢虞导和他的后人。

2013年，我离开上海戏剧学院后，又来到厦门艺术学校任教。我们杨家跟厦门还是很有缘分的。我爷爷和父亲大半生在厦门城乡演木偶戏。我父亲还在厦门有了第一个家庭。我之前来厦门拜过师，现在又在厦门教书。我儿子杨斯颖早就在厦门创业和定居，并且成为思明区非遗保护项目木偶艺术代表性传承人。有趣的是，我现在带的学生也是厦门艺术学校首届招收的木偶雕刻专业学生。这些学生入学年龄比上海戏剧学院的学生小，可以说他们的木偶雕刻技术是一片空白。

四年来，我带他们从最基本的理论、技法学起，现在已基本学成，拿得出自己的作品，我感到很欣慰。

我常想，作为福建省非遗保护项目漳州木偶头雕刻代表性传承人，除了教书育人之外，还应该为厦门多做点什么？今年4月，鼓浪屿有关部门在泉州路宁远楼开办绿界众创空间，邀请我到那里设立工作室，为到鼓浪屿的游客表演木偶雕刻。这样除了教学之外，我会利用双休日登上鼓浪屿，坐在工作室里为游人们现场表演木偶雕刻。一些游人带着子女开展亲子活动，我就教他们的孩子学着给木偶画脸谱。看到自己的孩子画得有模有样，家长们很高兴，我也很开心。听说，鼓浪屿上的海天堂构别墅有木偶艺人为游人表演，再加上我在绿界众创空间给游人表演木偶雕刻，将来木偶艺术会在鼓浪屿上传播开来。思明区开展"名师进学校"活动，我也参加了。前阵子，厦门第二实验小学分校开展民间文艺欣赏体验夏令营，我就和儿子杨斯颖及其他人到现场，为孩子们表演木偶演出和雕刻，让他们从小就能体验到木偶戏的趣味。当然这对木偶戏也是一种潜移默化的传承。

杨斯颖：我出生在一个传承了七代的木偶世家，到我是第六代。我的祖父杨胜在继承家族的木偶艺术精华的基础上，又推陈出新，成为北派木偶戏大师级的艺术表演家。我的三位叔叔接阿祖的班，在木偶戏演艺事业上也有所成就，这点我爸刚才已经介绍了。我爸虽然没走木偶戏演艺之路，但他在木偶头雕刻上闯出一条路，成为省非遗保护项目代表性传承人。除此之外，我们家族还有不少人跟木偶戏有缘。我的二伯公也是木偶戏演员，二伯公还会雕刻木偶头，叔公婆和姑姑会给木偶做服饰，由此形成家族木偶戏产业链。也就是说，从木偶头雕刻、服饰的缝制到演出，我们家的人包办到底。还有，我三叔的法籍老婆，也跟着他走上木偶表演之路。我一个堂姐早年在漳州艺校学表演，后来到美国定居，以表演木偶戏为生。正因为有这样的家族背景，我从小就与木偶结缘。

记得小时候我随父母住在外公家。外公是漳州一中资深英文教师,早年他住在漳州一中旁边的红楼。这座红楼是土地革命战争时期中央红军进驻漳州时司令部所在地。后来,这座红楼被辟为红军进漳纪念馆,外公一家才移住别处。虽然我长期住在外公家,但是每逢休息日,老爸就会带我回奶奶家。叔叔们也都住在当时的龙溪木偶剧团宿舍。每次回去,我都能看到叔叔们和团里其他演员练功和排演。看到那木头人偶在演员手中活灵活现地表演各种戏码,觉得很好玩,也慢慢产生兴趣。待我长到六七岁时,福建电影制片厂来漳州拍木偶剧团演的《八仙过海》。那时我正换牙齿,父亲用带我看排演为名,鼓励我勇敢拔掉乳牙。后来,上海美术电影制片厂来漳州拍木偶戏《擒魔记》,连拍5集,剧团借用军分区的大礼堂排演。我第一次看到拍木偶戏影片,很兴奋,觉得电影里的木偶戏比舞台上演的木偶戏好看。这可能对我大学毕业之后走上将木偶戏跟3D动画结合起来的创业之路产生了最初始的影响。我不仅对木偶戏有兴趣,对木偶头雕刻也很好奇。从小学到高中,我天天看到老爸吃了晚饭之后就躲到工作室刻木偶头。看到工作室里摆放着各种脸谱的木偶作品,觉得很好玩。读高中时,有次趁老爸不在,我偷偷拿起刻刀刻起来,一不小心就被锋利的刻刀划了一道伤口,流了不少血。老爸看到我对木偶头雕刻有兴趣,也乐得教教我。由此,我也学会了木偶头雕刻,当然只有我爸的几成功夫。

我的外公外婆都是知识分子。他们对我的期望是好好读书,将来长大从事体面的工作,最好是做工程师一类的职业,但我却喜欢工艺美术这样的专业。初中毕业时,我本想报考工艺美术学校,外公外婆坚决反对,要我继续上高中,将来考大学。在僵持不下时,我爸只好出面做工作,形成折中方案,要我继续上高中,高中毕业报考什么专业由我自己选择。虽然中考没能如愿报考工艺美术学校,但我没放弃对工艺美术的追求。读高中时就利用寒暑假到厦门大学参加短期工艺美术培训。可能是外公外婆看到我对工艺美术的执着,后来也理解了。高中毕业,我如愿地考上华侨大学工艺美术专业。

我初中时开始帮老爸给木偶头画脸谱,高中又学木偶头雕刻,又经

过大学四年的专业学习，毕业时对工艺美术的理论和实践有相当的基础。不过，为了实现少年时的梦想，大学毕业我没马上寻找单位就业，而是北上进京学习一种叫"玛雅"的软件技术。在北京，我和一伙年轻人一边进修，一边在一家公司做频道包装项目。后来，我们几个人商量做一个有关妈祖传说的动画项目，没想到不久就遇到非典流行，项目组的人一个接一个离京避灾，项目计划被迫流产。我为什么要做3D动画呢？最早是儿时看木偶戏《擒魔记》产生了兴趣。后来，大概是20世纪90年代，漳州木偶剧团的木偶戏又回头走纯舞台表演的老路，市场越来越小。剧团里一些我熟悉的叔叔阿姨叹气说，现在下乡演木偶戏，不是演给人看，而是演给神看。意思是说，时下农村只有神生日才会请木偶剧团，剧团演出时台下看戏的村民没几个人，只有庙里的菩萨从头看到尾。我觉得要改变木偶戏这种境遇，只有创新。现在生活节奏加快，年轻人爱看大制作、大场面、快节奏的影视剧。如果把木偶戏和3D动画结合起来，说不定还能闯出一条路。因此，经过劝说，我把项目组的两位同事带回厦门，在曾厝垵租间民房继续做《妈祖》动画项目。可是，我们一没资金，二没设备，过了不久项目便停下来。迫于生计，我们只能找一家影视广告公司上班挣钱糊口。在那家公司上班一年，大约是2003年吧，我又辞职，打算自己创办一家公司，重拾我的理想。这时，我一个月工资已有5000元。辞职的事，我只敢让我爸知道。后来有一天，我妈有事挂电话到那家公司找我，才知道我已辞职。妈妈伤心地哭起来，责骂我们父子俩把她当外人，这么重大的事也不跟她说一声。我知道，妈妈是担心我找不到像那家公司待遇那么好的工作了。可是，我决心已下，只能请妈妈原谅了。

人们常说，万事开头难。原来，我是与两位同事商量好一起辞职的。可是事到临头，一位同事临时变卦，不跟我们一起创业了。辞职后，我们俩一人借了5000元，买制作3D动画的设备。想尽办法找投资人，可是没人愿意投资一时看不到前景的项目。我们有点到了山穷水尽的地步。那位跟我一起辞职的同事是外地人，心里比我更焦急。

为了安慰他,我就陪他上街溜达,下海钓鱼。这时,我正谈恋爱。我的未来老丈人看到我租住民房又没工作,担心女儿跟着我会吃苦头,心里不乐意这门亲事。倒是准丈母娘很开明,不仅不反对这门亲事,还三天两头跑到曾厝垵看望我,为我们做饭。当时我因一时创业没着落,天天和同伴到海边礁石上钓鱼,晒得黑不溜秋的。钓鱼回来,她总是关心地说:"看你晒得那么黑,饿了吧,赶快吃饭。"我听了心里热乎乎的。有一天,我问她为什么能放心女儿跟我处朋友。准丈母娘说,她相信自己女儿的眼光,我真是很感动。女朋友母亲的信任,对我是一种很大的鼓励,但不能解除我遇到的困境。我那同伴想重回原来的公司工作,我诚恳地对他说,再给我一个月的时间,到时拿不到项目和投资,你随时走人,我不怪你。真是老天不绝人路,有一天,我在取设备时偶然遇到一位吴姓老板。他是我当年实习公司的老总,在上海、北京等地有好几家企业,其中有做影视广告的。他知道我会影视广告后期制作。谈话中,他知道我正寻找项目和资金,就说等一个月后,他从上海回来可谈一个项目。我掰着指头算日子,一个月后这位老板真的给我们一个4万元的影视广告项目,要求一周内完成。我和同伴很高兴,日夜加班完成项目制作,挖到第一桶金。吴老板看了也满意,又连续给了好几个项目,并介绍其他投资人让我们认识。之后,我们又做过许多著名品牌的广告,终于打开创业之路。在这过程中,我认识了境内外的一些影视导演。

一位四川黄姓导演给我带来当地特色木偶戏视频,让我对木偶戏有了更加多样的认识。台湾有一位叫建生的先生爱看并爱收集木偶戏视频,他跟我也多有交流。还有台湾布袋戏大师李天禄从日本得到《掌中戏》拷贝后视若珍宝。2011年或2012年,他的小儿子陈锡煌(可能随母姓)从台湾来泉州办事,特地请泉州一位木雕师引路来找我。前面我爸已提到这位陈先生到我家时,看到我爷爷杨胜的遗像就下跪祭拜。认识了这几位台湾同行后,我们之间多有交流。他们还介绍一些台湾、欧洲的影视项目给我的公司做后期。这样一来,我和创业伙伴

不仅开阔了眼界,也承接了业务,公司运营走上了轨道。后来,黄导演从四川带来一个叫《海之七钥》的木偶动画项目,片子讲的是妈祖林默娘的故事,首期投资就50万元,我真的喜出望外。我们请专业木偶演员来表演,用3D技术拍成动画。这一回,我终于实现了用3D动画技术将木偶戏搬上屏幕的愿望。后来,我们又拍了《少年岳飞》和《水浒外传》两部木偶动画片。后一部是将《水浒传》改编为轻松诙谐的电视片。

如果说,这算是对我们杨家木偶戏情缘的一项传承,那我在厦门申请非遗保护项目木偶艺术代表性传承人,则是一项社会意义更大的对木偶戏的传承。

2013年,我父亲来厦门艺术学校任教。在一次闲聊中,他提起我爷爷一位学生的女儿叫庄晏红,现在在厦门文联工作,也是木偶戏演员。这次他到厦门艺术学校任教就是庄晏红牵线的。后来,我爸带我去跟庄晏红姐姐认识。在交谈中,她知道我对传承木偶戏的想法和所做过的事情,非常理解和支持我。2015年的一天,她打电话告诉我说,思明区有一个非遗保护项目在接受申报,在征得我的意见后就推荐我申报。过一段时间,我申报的思明区非遗保护项目木偶艺术代表性传承人批了下来。作为非遗保护项目代表性传承人既是一种荣誉,更是一种责任。在有关部门的组织或牵头下,我参加了一系列非物质文化保护和传承活动,主要有:先后到岛内前埔小学、何厝小学、第二实验小学和岛外的洪塘头小学等,利用夏令营为小学生表演木偶戏,辅导他们制作卡通木偶,自编自演木偶戏,孩子们玩得很开心。第二实验小学还邀请我和爸爸给三年级学生办了一学期的木偶培训班。2016年暑假,海峡两岸青少年举办寻根夏令营,我也应邀到海沧青礁院前村营地为他们表演木偶头雕刻技艺。我还协助老爸在厦门艺术学校教授木偶头雕刻。给学生上课时,我爸主讲,我则辅导学生。我爸应邀在鼓浪屿绿界众创空间设立工作室,我也时常去协助他。有时,市、区有关部门举办文化讲座,我也应邀去讲授木偶动画制作、雕刻技艺和木偶戏发展趋势。我常想,传统木偶表演受舞台空间的限制,节奏又很拖沓,不受现在青年人的欢迎,应该用现代的思维和先进的技术给予改造。比如,利用3D动画技术和影视特效,将木偶戏从传统的小舞台搬上能容纳千军万马的大舞台进行表演;将木偶在演员手掌上的表演演化到可以腾云驾雾;通过剪辑将最精彩的故事和镜头呈现给观众。今后有机会的话,我会往这个方向继续努力。还有让我印象深刻的一件事情是,我曾经两次参与接待来厦门的退休国家领导人:一次是贾庆林,一次是吴邦国。2016年国庆节,吴邦国携家眷来厦门,我在筼筜书院为他们表演了画木偶脸谱,还现场给他的两个孙子示范教学。那两位小孩子对画木偶脸谱很感兴趣,学得很认真。还有,今年8月30日,也就是金砖国家领导人厦门会晤前夕,中央电视台互动频道来厦门拍摄木偶专题片。庄晏红带演员给摄制组表演了木偶戏,我则表演了木偶头雕刻。所拍的节目在厦门会晤举行期间对国内外播出,为厦门会晤增加一个配套活动。

　　对今后如何进一步开展木偶戏表演和木偶头雕刻传承工作,我有几个想法:一是创造机会将木偶动画电视片制作继续下去;二是扩大我和我爸的工作室,并筹办木偶戏大师杨胜生平展览,将我爷爷的艺术生涯通过作品和历史资料展示出来;三是培养我的儿子对木偶艺术的兴趣,让他接着传承我们杨家的木偶戏表演和木偶头雕刻技艺。我的儿子叫杨漱石,现在只有三岁。我们在他玩的玩具中放进了好多木偶,从小培养他对木偶的兴趣和爱好。现在,我儿子有时也会拿着木偶套在小手掌上舞一舞。我有一种天然的想法,作为我们杨家的子弟,传承家族技艺的使命和责任与生俱来。

我们经历过的厦门侨批业

口述人:骆佳伦、林清溪、郑健辉
采访人:王全成
采访时间:2017年10月31日,11月3、4、8、9日
采访地点:厦门幸福里幸福路15号骆家、长青路K小区林家、中行思明支行办公室

【口述人简介】

三位口述人都曾先后从事侨批行业工作,从新中国成立前后直至20世纪80年代,他们见证了厦门侨批业的一段历史。

【内容简介】

侨批是专指海外华侨早期通过民间机构,后来经过金融邮政机构寄回国内,连带家书或简单附言的汇款凭证。厦门作为我国最早的对外通商口岸之一、华侨进出的口岸和闽南金融中心,侨批业相当发达。最兴盛时有牌照的经营侨批的信局有100多家,经过厦门汇入的侨汇高达9 000多万元。新中国成立以后,厦门的信局先经过私私联合、集中办公,再到三盘信局集中转为侨汇派送处,纳入中国人民银行的管理,前后走过100多年的历程,为沟通千千万万旅居海外的华侨与国内亲人的联系发挥了不可替代的作用。下面三位口述人用亲身的经历讲述了侨批业不为常人所熟知的内情。

中山路侨批文化广场

骆佳伦： 我的老家在惠安，早年老爸下南洋到马来西亚槟榔屿谋生。老母带着我和大姐、小妹三人在老家种田度日子。生活太苦了，所以在十五岁时，我就随亲堂来厦门找出路。这时抗日战争胜利不久，我们一船十多人，从惠安出发到厦门时正是半夜，从第五码头上岸。到厦门之后，我先在阮阿叔开的皮鞋店做学徒，那间皮鞋店开在大同路。

大概是两年后，我阿爸从南洋回到厦门。他坐的轮船叫"安徽号"。我有一个同村亲堂叫骆佳森，跟我是同辈人，三十多岁。他在厦门海后路，就是现在的厦门一等邮局斜对面，开侨批信局，兼客栈，还做金银纸（冥纸）出口生意。我老爸带我去这个亲堂的信局找一份头路（差事），这时我十七岁。亲堂开的信局叫"骆协成"，专门做惠安的侨批，就是从厦门各家信局收经厦门中转寄往惠安的侨批。骆协成信局在惠安设有派送站，我的工作就是专门到各信局去收寄往惠安的侨批。当时厦门的信局有数十家，跟骆协成有业务关系的有源兴信局、光大信局、南友信局、益群信局、德胜信局、谦记信局、源兴锦记信局、荣记信局、大中信局等。源兴信局就在骆协成信局旁边的一条巷子里。光大信局在水仙路头，就是现在的国际银行大厦那里。南友信局和益群信

局在现在的民立小学斜对面。德胜信局也是在海后路。谦记信局在担水巷。源兴锦记信局和荣记信局在打铁街。大中信局在大中路。我每天就在这些信局收侨批,再转寄到惠安的派送站。

骆协成信局有五位职员,除了我专门负责收信之外,还有一位会计,三位抄单员。其中一位抄单员叫许炳辉,另外两位叫骆世基和骆燕基,两人是堂兄弟。抄单员负责将要转往惠安的侨批一一登记造表。登记内容包括侨批从哪里寄来的,寄信人姓名、收信人的住址和姓名,汇款有多少,作为存底。骆燕基负责将打包好的侨信送到邮局转寄到惠安,侨汇则通过银行汇到惠安。惠安派送站收到侨信和侨汇,再由派送员分头送到各侨眷手里。

当时厦门的信局分二盘局和三盘局。二盘信局专门接受南洋头盘信局的侨批。三盘信局接受二盘信局的侨批,再派送到各地的收信人手里。骆协成信局既做三盘生意,也做二盘生意。因为老板骆佳森的阿伯在马来西亚槟榔屿负责收侨批,再汇寄到厦门骆协成信局。这部分侨批属于二盘,由我们直接汇转惠安派送站。我们从厦门各信局收的要寄到惠安的侨批属于三盘。平时来的侨批比较少,到年关就大量增加起来,那段时间抄单员要加班到晚上十一二点。将收到的侨批一单一单当天抄到表上,赶在隔天转寄去惠安。海外华侨寄钱回唐山有这样的规律:寄钱回来养家的比较固定,比如一个月或是两个月寄一次;要是探家风报平安的平时没寄,一般都集中在近年关时寄。所以每年年底的侨批特别多,我们也特别忙。

早年的厦门信局都是私人办的,规模很小。比如骆协成信局办在四楼,三楼又有一间信局,叫华兴信局,老板叫骆水发。前面说到骆协成是多种经营,租四楼办信局,五楼办客栈。客栈的名叫"新全"——是将一层楼隔成十多间客房,专门接待从南洋回来经厦门中转的番客。所以,每一次客轮靠港,客栈的伙计就赶快坐小舢板去客轮招呼番客来住店。骆协成还经营金银纸出口。店员事先将收购来的金银纸打包,等轮船靠港才托运到马来西亚给老板的阿伯,再卖给当地的华侨和华人。因为这些华侨和华人还保留过年过节给先人烧金银纸的习惯。

　　我到骆协成一段时间后慢慢知道,南洋各个国家对华侨往唐山寄侨汇的政策是不一样的。新加坡和马来西亚允许华侨往唐山寄钱,所以这两个国家的侨汇是公开寄的,但有金额的限制,好像限四十五元新币以下。要多寄钱就得偷偷通过私人信局和水客寄,或者是通过熟人带回来。早年马来西亚的侨批是二联单,上面写着寄款人的姓名和地址、汇款金额,还有收款人的姓名和地址。派送员将附联撕一半给收款人,要求他在正联盖章签收,信局将正联寄回头盘局,另外一半的附联留下存底备查。菲律宾和印尼不准华侨往唐山寄钱——所以这两个国家的侨汇都是通过地下偷寄的。有的通过水客带回到能公开寄的地方,再寄回唐山。有的由当地头盘局将侨汇存在当地跟香港有业务关系的银行,再通过当地的私人电台发报来厦门信局。厦门这边按事先约定的密码翻译查出汇款多少,才由信局派送到收款的侨眷手里。新中国成立以后,这两个国家来的侨汇要用三联单。三联单是厦门的二盘信局印的,用来派送侨汇的。三联单的头联是侨汇通知书,二联和三联要收款人盖章签收,二联回交二盘局存底,三联是正联,要寄回海外头盘局。

　　南洋来的侨批,很多是汇款带信。记得早期马来西亚来的侨批信封是旧时的竖式,中间有红框,还印有浅色花纹,这是比较正规的。有的国家来的侨批没有信,国内的二盘信局就自己印制一张可以折成三折的信封兼信纸,收款侨眷的回信写在里面,粘合后由批脚带回交给二盘信局,再统一装进包裹,寄往南洋的头盘信局销账。

　　在厦门那么多的信局中,源兴信局和光大信局规模比较大。源兴信局在泉州设有派送站。我去源兴信局收惠安信时就认识李斯新,新中国成立后,他是我们侨汇派送处的主任。光大信局有好几个海外股东,所以它的侨批是从南洋很多港脚(港口)寄来的。光大信局的负责人叫吴登书,租了水仙路头一个店面和二楼办公,里面有十多位内勤,平时一礼拜有二三十封惠安侨批,年底那个月就有一百多封。

我在骆协成信局做工只吃三餐，没有工资。一直到新中国成立初，我回惠安结婚，老板才给一百元补贴结婚费用。因为没工资，我好几年一个人在厦门讨食，老母、老婆和小妹都留在惠安种田度日——老爸回来之后也留在惠安。在老爸去世后，大约是1956年，我才将老母、老婆和小妹接来厦门。起初租在八市附近的古营路一间房间，我将这一间房间用木板隔成两间，住四个人。老婆来厦门以后就找头路当建筑小工，补贴家庭。厦门临解放时，老板骆佳森出国到马来西亚槟榔屿，骆协成信局转由老板的小舅子蔡炳耀管理。解放军打厦门时，信局和客栈的人员大多跑到后方躲避，只留下我们两三位职员看门。我们躲在五楼天台的水柜（储水箱）后看着打仗。解放军从海沧方向打来的炮弹落在鹭江道一带，国民党的炮艇开到鼓浪屿后跟解放军对打。

新中国成立后，我继续在骆协成信局工作。大约在1951年和1952年间，厦门的侨批业开展私私联营，就是将原本分散的信局集中在一起联合办公。我记得，联合办公的地点有这几处：水仙路光大信局原址有四五家，南友、益群等几家信局在升平路，大中路原有的六七家信局集中在民立小学斜对面的一座楼。实行集中办公以后，一家信局有的一张桌，有的两三张桌，没有业务时职员就看报纸闲谈。集中办公以后我去拿惠安侨批就少跑好多路了。以后又经过几次整顿，到1957年，厦门的三盘信局改造为厦门侨汇派送处，由中国人民银行侨汇科管理。侨汇派送处是集体所有制企业，负责所有寄到厦门或者由厦门中转的侨汇的派送和中转。当时泉州也设立安溪第一派送联营处和晋属第一侨汇派送联营处。厦门本地的侨汇由我们派送处直接派送。这一阶段寄到厦门的侨批，由各个二盘局送到侨汇派送处，个别信局的侨批有时由派送处派人取回。我也由骆协成信局转到厦门侨汇派送处做派送员。派送处租在鹭江道厦门一等邮局旁边的一座楼办公。收到的侨批经办流程是这样的：先由内勤人员拆包分类登记，外地的侨批经过邮局转寄，侨汇经过银行转汇。晋江地区一般转往泉州侨汇派送总站，再转往各县派送。厦门本市在同安、集美各设一个派送站，厦门岛内市区和禾山直接派送。

我到侨汇派送处以后,先分配到集美派送站。集美派送站有四个人,除了我之外,王振成当组长,还有陈友宗和刘长江,他们是从禾记信局来的。那时高崎到集美的海堤已修到水面上,可以通汽车。我们还是二十多岁的年轻人,晚上时常跑到海堤上玩。集美站负责集美、灌口、后溪一带的侨批派送。站里安排我跑集美一带,经常是上午先到集美大社,然后到集美中学,下午到侨校。这两间学校侨生多,所以侨汇也多。我事先将侨汇通知书送到学校各班的信箱,然后坐在学校的传达室等他们来领汇款。个别没按时来领,我就送到教室给他们。这两间学校的侨生,有的父母比较有钱,一个月寄三五百元;有的是贫侨,一次寄一百多元;个别的每个月只寄来二十元港币,相当于人民币八元多。这些侨生只能靠政府的助学金过日子。

两年后,我调回市区派送处。当时派送处有十二位派送员,七人跑市区,三人跑鼓浪屿,两人跑禾山。我负责跑五通线,从文灶开始,经过江头、祥店、后坑、高林、五通、何厝、前埔、黄厝、曾厝垵,再到洪山柄。我的同事陈天赐跑高崎线,从莲坂开始,经过湖里、殿前、塘边、枋湖、县后到钟宅。派送员的分配是根据侨批多少来定的,市区的侨批数量多,所以安排的派送员也多。特别是小小的鼓浪屿就安排三个派送员,说明鼓浪屿的华侨多、侨眷多,来的侨批也多。禾山那么大,只有两个派送员,说明那里的侨批比较少。我骑自行车跑半个禾山,天天都要出勤。平常月份有时一天只有三五封侨批,但是一到年关,侨批就多起来,有时一天有几十封。这时我得早出晚归赶着派送。为什么侨批会有时多有时少?因为海外华侨定期往家乡寄侨汇的不多。我印象比较深的是何厝村下何的何荣豹。我每个月都要跑他家一趟,因为他在南洋的亲人每个月都固定给他寄侨汇。一到年关,南洋很多侨客纷纷给老家的亲人寄侨批,顺带寄点钱,探家风报平安,所以这时侨批就大量增加起来。

中山路侨批文化广场上的邮路分布图

侨客在南洋讨食，常年跟家里的亲人分离，只能通过侨批联系和交流，所以侨批对他们很重要。很多侨眷收到侨批就高兴地讲："见信如见人。"有的侨眷久没收到亲人的音讯时，碰到我就会问："有没有我的侨批？"我很理解他们的心情，所以总是努力将派送工作做好。何厝中街有一位三十多岁的女村民，她的阿舅是禾山西潘人，下南洋到菲律宾。这位女村民很想跟南洋的阿舅联系，可是娘家人不告诉她舅舅的地址。有一天，她遇到我，说起这件事情，问有没有办法帮她给舅舅寄一封信。我告诉她，写一封信放在我这里，有机会会帮忙的。过后，那位侨客给西潘的亲人寄侨批，我就把何厝那位女村民的信夹在穆厝的回信中一起寄往菲律宾。一段时间后，那位女村民就收到舅舅的侨批，她很感激。不知道怎么样打听到我在市区的家庭住址，有一天，她特地送猪脚和面线到我家表示感谢。我下班回家知道后，中午骑自行车到何厝将东西送还给她。我是真心实意帮助她的，不图什么回报，再说我们派送处是有规定的，不准接受侨眷的礼物。从20世纪50年代后期开始，政府给华侨汇款奖励侨汇券。当时侨汇券很值钱，可以买很多种稀缺商品。有的侨眷要送我们侨汇券表示感谢，我们都拒绝。不但侨汇券不能收,就是一杯开水也不会随便喝的。曾厝垵有一位叫菊姐的女侨眷,有六七十岁。她的儿子在马来西亚,每月都寄侨汇给她做生活费。我少年时在惠安老家念了几年书,到侨汇派送处以后又到鼓浪屿上了一个月的文化速成班,认了一些字。曾厝垵这位女侨眷年老不识字,每次都是我帮她给儿子写回信。回信很简单,一般是说老母的身体健康,不用挂念,接着就是保佑儿子在外平安。这位老侨眷很感激,保佑我活到一百二十岁。因为我在派送侨批时热心为侨客侨眷服务,得到领导和同事的好评。记得大约是1963年,在广州召开全国侨批行业大会,中国人民银行厦门分行侨管科和侨汇派送处的领导前往参加会议。我因为被评为先进工作者也随领导们一起去。我们坐长途车到广州,当时公路很差,车开得很慢,第一天晚上在汕头过夜,第二天傍晚才到广州。由于座位很狭窄,坐了两天车,我的腿脚肿起来,只得住进医院治疗。

我一生的很大部分时间是做侨批的。先是在私人办的骆协成信局,后来是厦门侨汇派送处。派送处改制后,我转到人行厦门分行继续做侨批业务。1991年退休后,又留在中行做了十年,一直到七十岁才回家养老。

林清溪: 我是1961年加入侨批行业的。那年夏天我从厦门五中初中毕业。暑假的一天,同学曹作庆跑到家里告诉我,他从银行招工名单中看到有他和我的名字。过几天,我们就到人行厦门分行报到。我被分配到人行管辖的厦门侨汇派送处当派送员,起点工资每月十八元。当时是国民经济三年困难时期,初中一毕业就有事做能赚钱很不错了。

参加派送侨汇工作后,我先跑鼓浪屿复兴路和鹿礁路一带。鼓浪屿出国华侨多,侨眷也多,我一天要上下午各跑一趟派送侨汇。大热天的季节,马路柏油被日头晒得烫脚,我赤脚走路烫得快要脱皮了。好多侨眷替我感到辛苦,其中有一位侨眷是皮鞋厂的厂长。他特地给我做了一双皮凉鞋。他知道我们有纪律不能私下收侨眷的东西,就说要按成本价卖给我,我没接受,最后还是按原价付款。后来我改跑高崎这条

线。这条线地盘大，但有自行车骑，早早出去，很晚才回来。这条线含殿前和钟宅大社头。这两社的侨汇也多。殿前的侨汇来源国比较分散，钟宅的侨汇以菲律宾寄来的为主。有一户侨汇，汇款人一直是用"三公司"的名字。很有可能是几位华侨同在一家企业做事，因此这个"三公司"同时代这些华侨给他们的侨眷寄钱。

工作几年后，我逐步熟悉了侨批这一行业的基本情况和汇侨派送流程。一般来说，经营侨批的信局分头盘、二盘和三盘。头盘信局在国外，负责收揽华侨的汇款和书信。二盘和三盘信局在我们国内。我所在的厦门侨汇派送处是三盘局，负责侨汇的派送。虽然是三盘局，但我属中国人民银行侨汇管理科管辖，带有半官方属性。当时东南亚各国对侨汇的政策各不一样，造成侨批的形式也不同。马来西亚华侨寄来的侨批有信封有信纸。信纸专门用来写信，信封上有寄信汇款人的姓名和地址，还有收信收款人的姓名和地址，信中可以标明汇款的金额。泰国来的侨批则对折成两页的信封兼信纸，正面左上额为汇款金额，下款为收款人地址，中间是收款人姓名，右下款为寄款人姓名和所在地，里页是简要的信。菲律宾对侨汇管制严格，当地华侨寄回唐山的侨批多是一张小纸条，上面有汇款人和收款人的姓名、地址。汇款金额是用暗语表示，由收寄双方及头盘局与二盘局事先约定，比如，用母亲大人收即表示一百元。还有一些头盘局揽收侨批之后，通过私人地下电台与唐山二盘局用电报转递，汇款金额是藏在密码里，要由二盘局翻译才知道。在印尼的华侨一般是通过香港转汇钱款，信件由邮局寄转。当时，香港有十四家银行经办侨汇。香港的银行用二联单将侨汇转到厦门对应的银行。二联单分正收条和副本。我们侨汇派送处凭单到银行取侨汇和侨汇券。当时我国政府为鼓励华侨汇款回国，按侨汇金额给侨眷一定数额的侨汇券。凭侨汇券可以到友谊商店购买稀缺商品。

因为东南亚一些国家对侨汇的限制，侨批的流转和派送产生多种难题。比如收到菲律宾来的侨批小纸条，派送处的内勤人员要按批次登记帮号（批次），再交派送员派送。收款人收到侨汇后要在小纸条上盖章签收，再交由派送员带回，然后再寄回海外头盘局核销。以往侨批都是由民间机构经营的，难免有如何让委托人放心的问题。我在派送侨批中遇到这样几件事。禾山钟宅有一位侨眷每个月都能收到两百元人民币的侨汇。每收到一笔侨汇他就剪一个字贴在回单上。这个字是收寄双方约定的，从先前寄来的侨批上剪下的，海外汇款人从回单上看到这个贴上的字，就知道汇款已交到亲人手中。这里还有一个情况是，南洋的侨批头盘局往往为汇款人代垫资金，汇款人看到回单的贴字暗号才跟垫款的信局结账。我还遇到一位盲人侨眷，是禾山薛岭人。他没办法看回单上的字，每次都按照他跟海外亲人事先的约定，将侨批剪一角贴在回单上表示他已经收到侨汇。

厦门的侨批随着形势的变化而变化。我一到侨汇派送处就赶上三年困难时期，那时不少侨客给唐山的亲人寄大米、猪油、饼干等食品。这些生活物资是通过邮局寄送的，只有信件和汇款还通过信局办理和侨汇派送处派送。后来我们国家为了吸引外汇，不允许海外华侨再往国内寄生活物资，改用根据侨汇额核发一定比例的物资购销凭证（俗称侨汇券）来鼓励华侨汇款。

郑健辉：侨汇券分工业品券和副食品券，还包括粮票、布票、棉花票。侨眷可凭侨汇券到友谊商店购买所需物资。

林清溪：这时，国内的二盘信局就印制一种回联单。其中，一联是侨汇通知书；一联是侨汇证明书；一联是侨汇正收据，是回交给二盘局的；一联是回交给南洋头盘局的。我们侨汇派送处凭侨汇通知书到银行领取汇款和侨汇券一起派送到侨眷手中。在整个流程中，派送处只留一份清单存底备查。

20世纪80年代，随着我国对外开放和国民经济的好转，侨批业务越来越少，厦门私营的侨批信局慢慢收摊。厦门侨汇派送处也拆分，人员分散到各银行。1982年，我转到中国人民银行厦门分行，不再做派送员，转岗做侨批内勤。跟我同时进侨汇派送处的曹作庆转到中国农业银行。当时的人行厦门分行设专门的侨汇柜台，供侨眷领取侨汇。还设了

一个华侨投资服务部，专门办理海外华侨在国内的投资事务。厦门的侨星化工厂就是华侨投资兴办的，还有香港淘化大同食品有限公司也有内地股东的投资，所以我们也代派送这些企业给股东的股息。这些侨办企业每年有几次股息分红，其中有一部股息由投资者转汇给国内亲人，就由我们派送。记得有位叫曾国琴的同事，有一次因为要派送的股息金额较大就分成两袋装。一袋背在身上，一袋绑在自行车货架上。当时，由于匆忙忘了取下车上的钱袋就登上侨眷住宅二楼。到了楼上才发现，顿时惊出一身冷汗，赶紧跑下楼，看到钱还在，才大大地松口气。

在人行做内勤时，开始正常月份我每天要拆分处置一两百笔侨汇，这还是厦门岛内的侨汇。这些拆分归类的侨汇转交到各办事处分头派送，后来侨汇越来越少。根据我的观察，原因有三条：一是我国对外开放之后，华侨回乡很方便，他们可以随身带回侨汇；二是国内经济发展，侨眷生活水平提高，用于资助国内亲人生活的侨汇自然少了；三是随着时间推移，华侨的第二代、第三代跟国内亲人的联系少了，就像民间说的"一代亲，二代表，三代散了了"。这样侨汇自然少了。在厦门侨汇兴盛之时，香港有14家银行做侨批业务。到香港回归之后，只剩中国银行一家在做。在这之前，因为侨汇大量减少，厦门的二盘信局就慢慢收摊，最后侨汇业务都交到中国银行一家经办。我们这些长年做侨批内勤的人员也纷纷转岗。我也转岗做其他内勤，直到2004年年底退休。

郑健辉：我是1965年8月到厦门侨汇派送处工作的。当时的侨汇派送处还是在海后路62号办公，上下两层，一楼是派送组，二楼是业务组。隔壁60号是德胜信局。后来，这个信局侨批业务萎缩。

林清溪：德胜信局一段时间改经营物汇业务。这家信局经理叫陈本团，他的小弟陈本明在香港，兄弟两人配合帮海外华侨往国内寄生活物资，侨汇业务就收缩了。

郑健辉：我们侨汇派送处就将德胜信局的60号办公场所合并过来。当时的侨汇派送处有十七八个人。我做内勤，专门负责登记转往晋江方向的侨批，具体来讲，就是将各个二盘局送来的侨批分类抄清单。清单包括帮号、收寄人的姓名、地址和汇款金额。另外一些内勤人员将整包的侨批拆分,按本地和外地分开交内勤登记后,本地交本处的派送员派送,外地的按不同县区重新包装贴上清单,再托长途客车当天送到当地的侨汇派送处。在抄清单时,我接触到各种各样的侨批,知道当时厦门有五六十家二盘信局给我们派送处送侨批,数量较多的有光大、元兴、信义安、天安、益群等信局。这些信局业务规模比较大,所以送来的侨批也就多。从马来西亚、菲律宾寄来的侨批最多,印尼和泰国也不少,越南就比较少。通过厦门口岸进来的侨批大部分流往闽南地区,也有一些转寄到福州、汕头。侨批的信封多为两种:一种是国际通用的,信封是横式的,用红白蓝三色镶边;另一种竖式信封,是牛皮纸的,中间有一个长方形的红框,用来写收信人的姓名。信中的汇款金额数字要么是大写汉字,要么是罗马字母,很少用阿拉伯数字。原因可能是写信的人是老年华侨,他们出洋之前学的就是这两种数字,而且习惯用竖式写信。

我们侨汇派送处属中国人民银行侨汇管理科管辖。外汇头寸的调拨和侨汇到款的审查都得通过侨管科。根据我的观察,"文革"前和"文革"中经过厦门口岸的侨汇都比较稳定,厦门的二盘信局还能维持。1979年,我国开始对外开放,美国总统也访问了我国,我国的外交环境改善——东南亚的华侨可以通过银行公开往国内汇款。这时,私营的侨批信局业务就大量减少,加上这些信局的经营人员都上了年纪,也做不动了。当时来我们侨汇派送处交接业务的很多都是五六十岁的人。这样一来,厦门的信局慢慢减少。1978年,我调到中国人民银行海外业务部(就是后来的中国银行厦门分行),先是到储蓄柜台。后来,经过我们人行的侨汇多起来,我又帮忙做侨批业务。这也从另一方面佐证了私营信局业务的萎缩。二盘信局的业务萎缩,直接影响到侨汇派送处的业务,所以侨汇派送处的人员也分散到各商业银行。我和骆佳伦、林清溪都到中行,继续做同事。他们两人继续做侨批业务,我在1981年改做银行行政工作之后,对侨批的事情就不太了解了。

"厦大土著"记忆中的厦大

口述人：郑启五
采访人：郭凯
采访时间：2017 年 8 月
采访地点：厦门大学建文楼、厦门市老教授协会办公室

【口述人简介】

郑启五，1952 年 12 月生，湖南衡阳人，厦门大学人口研究所研究生导师、市作家协会副秘书长、省作家协会会员、福建省人口学会副会长、土耳其中东技术大学孔子学院首任中方院长，长期从事台湾人口社会研究。译有《香格里拉》，著有《喝茶》《到闽南喝工夫茶》《芙蓉湖随笔》《海峡两岸用语差异》《台胞探亲旅游用语手册》《大陆和台湾词语差别词典》《把盏话茶》《红月亮——一个孔子学院院长的汉教传奇》等。

【内容简介】

这是一个厦大"教二代"的口述历史。这里，美与丑并存。印象中的南普陀，台风中的校园，捡弹壳，爬树木，逮昆虫，看画报，温馨而富有诗意；一家人在反右和"文革"的漩涡中动荡的经历，则在幼小的心灵留下恐怖的阴影。"文革"中，听"革联"与"促联"在这里武斗的枪声；两岸炮战中，跟着大人跑防空洞；改革开放后，看东澳农场从厦大剥离。一个"教二代"，见证了厦大的一段历史。

一、从大南路 10 号说起

厦大老屋大南路 10 号

1. "郑启五"这个名字的来历

我的名字叫郑启五。为什么叫郑启五呢？这其中有两个原因。可以说，这个名字"非同凡响"，"颇有来头"。

第一个原因，就是为了纪念新中国第一个五年计划（1953—1957年发展国民经济的计划）的诞生。我是 1952 年 12 月 7 日出生的。我出生之后没多久时间就跨进了 1953 年，第一个五年计划就开始启动实施了。那时候在我们国家，五年计划是一件非常重大的事情，特别是共和国的第一个五年计划，其意义更非同一般。

第二个原因，就是当时厦门大学收到了有史以来最大的一笔投资，陈嘉庚、李光前他们投资一大笔钱，要在厦大进行大规模的校舍建设。它们是国光楼（三座）、丰庭楼（三座）、芙蓉楼（三座）等，最为突出的是厦大新标志性建筑建南大会堂（一主四从）。五座面海的大型建筑，呼应了厦大最早的群贤楼群一主四从的五座建筑。于是，"五"字成了当时厦大最有象征意义的数字。你想啊，一个大学，一下子要盖这么气派的五座大楼，这是多么激动人心的大事情啊！这面朝大海的五座大

楼,是新中国成立初期最大规模的校园建设,也是树立厦大形象的最具有标志性的建筑。其中,陈嘉庚倾注最多心血的当属建南大会堂。老先生在这座大楼的选址和风格上独具匠心,把它安排在海边一个高高耸起的坡地上。因此,这座仅仅三层的建筑看上去极为壮观,且中西合璧,俊俏无比。老先生曾满怀激情地说:要让所有进出厦门港的轮船首先看到厦大大会堂!

又是"第一个五年计划",又是"五座大楼",于是这个"五"字在当年的厦大成了一个吉祥数字,成了当年厦大校园里面最时尚的词语。因此,可以说,我一出生,就见证了成立初期的共和国与厦大一段辉煌的历史,可谓躬逢其盛,三生有幸。因此,我父母就用"郑启五"这个名字来纪念这一段历史。这就是我名字的来历和意义。有些不了解我名字来历的人,会以为我是家里的老五,其实不是,我们家只有兄弟俩。

我在共和国欣欣向荣的这个时期出生在厦大校园里面,然后在厦大校园里面成长,可以说是彻头彻尾的厦大的孩子,自诩"厦大土著"。

2. 我父亲是王亚南的得意门生

我父亲叫郑道传(1919—2002),是王亚南的得意门生,所以王亚南来到厦大,就把我父亲和母亲也都调到厦大来。

1944年郑道传毕业于厦大经济系

1954年陈嘉庚和厦大教师（三排左三为郑道传，一排左六为陈嘉庚）

大家知道，王亚南是中国现代著名的经济学家和教育家，新中国成立后厦门大学的第一任校长。他在大学执教三十多年，积累了丰富的教学经验和办学经验，对教育有深刻的理解。尤其对现代教育的本质和功能，对如何办好综合性大学，如何培养和使用人才，以及如何治学，有许多精辟的见解。王亚南的教育思想贯穿着马克思主义的认识论与方法论，是我国教育理论的一份宝贵遗产。

那时候我父亲先我母亲调进厦大，学校给了他相当优厚的待遇。这待遇之厚，在今天看来有点不可思议。

其时，我父亲还只是一个青年讲师，学校却给他安排了最好的房子，就是大南路10号的小洋楼，带有小花园，房间里还装有电话。那时候电话还很稀罕，整个厦大也才那么几部。可见王亚南对我父亲是多么地器重。

厦大经济系师生庆祝1953年元旦纪念（二排右三为王亚南，二排右一为郑道传）

　　现在我家还藏有一部老校长王亚南的赠书《中国官僚政治研究》，在书的扉页有作者亲笔题签："以此书祝贺并纪念道传学弟结婚之喜，亚南一九四九年一月卅一日。"此外还珍藏着学校颁发给我父亲的六张委任状，分别是厦大在两年的时间里面颁发给我父亲的。那委任状小小的，可以扯下来，像证明书一样的。其中有"经济系副主任"委任状，"马列主义教研室副主任"委任状，等等。

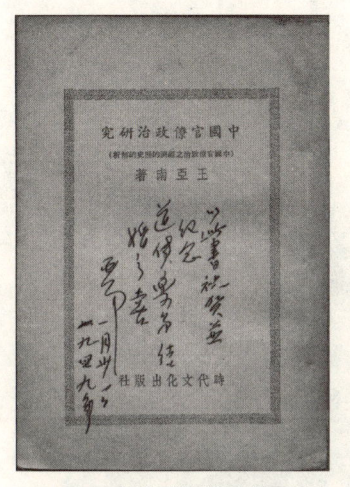

王亚南签赠郑道传的 厦大颁给郑道传的六张委任状
《中国官僚政治研究》扉页

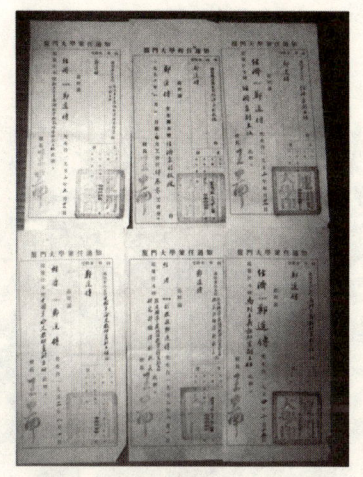

经济系是王亚南亲自抓的,但是作为校长的他事务非常多,工作非常忙,于是就把他自己教的课程交给我父亲,让我父亲来替他教授这个课程。

父亲也没有辜负王亚南的期望。他讲课有多牛?从一件事可见一斑。王亚南曾让我父亲作为公开课的讲解示范教师,在全校开讲。父亲从上课第1分钟开始滔滔不绝讲到第45分钟下课,最后一句话讲完的时候,正好下课铃声打响,于是全场鼓掌。当时大家都认为父亲是一个很有才华的老师,非常受王亚南重视的得力干将,前途无量。

后来,我母亲陈兆璋也从厦门一中调到厦大来,我们一家就在厦大生活了。

1963年厦大历史系女教师（后排左五为陈兆璋）

我小时候可谓享受到了最好的物质生活。当时因为有哥哥和我两个孩子，又都比较调皮，家里就请了两个保姆来帮忙。

1944年厦大"笔会"同学合影（前排左三郑道传，后排左三陈兆璋）

郑道传陈兆璋结婚照(1948年)

郑道传夫妇(1998年结婚50周年)

至于家里的小花园，小时候优渥的生活，我依稀有些记忆，但毕竟当时还小，留下的记忆不多。但有一张照片，我张着惶恐的眼睛，望着大南路10号铁门外铺天盖地的反右大字报，被人意外地摄入镜头，留下了小家庭在大风暴来临时的唯一镜头。

1957年郑启五（5岁）在大南路10号铁门内

3. 我家在反右派斗争和"文革"中

脑海里开始有不愉快的记忆是1957年。

那时候，厦大开始了大规模的反右派斗争，我们家大南路10号小洋楼的对面是芙蓉山学生宿舍，面朝我家的那面墙壁上贴满了漫画和大标语，漫画上面打红叉，还有很多口号式的标语，写的无非是"打倒'右派分子'郑道传"这样的字样。父母第一次受到这样的冲击，非常紧张。1958年年初，父亲被定性为"右派"，发配到东澳农场劳改。我们家也从大南路10号搬到国光第三楼17号，住房条件差了很多。

1957年郑启平（左）和郑启五（右）在大南路10号

1958年父子三人（右一为郑启五，背景为厦大喷水池，现已拆）

"厦大土著"记忆中的厦大

现在大家回忆起反右派斗争的事情，都觉得被打成"右派"最痛苦的是地位上、生活上的变化。其实不是，被打成"右派"最痛苦的是心灵上的打击——得不到党的信任，把你划为"右派分子"，这才是最痛苦的。至于工资待遇，我父亲被定为"右派"以后，工资从188元降为133元，虽然降了，但是133元的工资在当时也是非常高的。我母亲的工资也有133元。所以在生活待遇方面，即便是被打成"右派"，也是有相当的保障的，主要是政治上非常痛苦。第一个，被剥夺教学权；第二个，被剥夺写作权；第三个，要在校园里劳改。

校园里劳改是指什么呢？就是直接流放到校园里面的东澳农场。因为厦大是"都市里的村庄"，学校实际上跟东澳农场连成一片，你中有我，我中有你。这些"右派"老师去东澳农场劳改，干什么呢？干农活。其中主要农活之一，就是到国光二楼后面，从粪坑里面把粪便掏出来，装到粪车里面，再拖到地里去浇。劳动强度是非常大的，对知识分子来讲非常苦。要打赤脚，还要在肩上披上垫肩，又脏又臭，完全是最繁重的体力劳动。一天要从早干到晚，大家都要积极表现，争取早日"脱帽"。

1960年校舍和农场混合的厦门大学

那时候父亲的心情非常压抑，在繁忙的劳动过程中，眼睛又发炎了。应该说，眼睛的变化跟情绪的起伏有很大关系，那时候就基本上看不清了，到劳改后期基本上就看不见了。父亲同时又是诗歌爱好者，诗人情绪都是比较起伏和暴烈的,结果遭此大难,不仅父亲的健康毁了,而且好好的一个家庭也急转直下。

到了1962年,情形有了一些好转。这一年,中共中央召开"七千人大会",纠正"大跃进"的错误,全面调整国民经济,周恩来总理重申知识分子是劳动人民的一部分,政治空气有所缓和。厦大又让"右派"出来学习,让我父亲出来教书。我父亲就瞎着眼教书,凭着他惊人的记忆力重新开始教学生涯。他的教案是用毛笔写在报纸上的,把一些关键词写下来。他觉得自己好像要获得新生了,因为他也"脱帽"了。但是,虽然"右派"这顶帽子脱掉了,但"脱帽右派"还是"右派",在那个年代这是个大污点。大家知道,那个年代有一个关键词,就是"地富反坏右",所以即便是"脱帽右派",也还是"右派"。

不久,第二场风暴又来了,那就是"无产阶级文化大革命"。这时彻底完蛋了,父母都被关进"牛棚"里面去。父亲虽然眼睛瞎了,也还是照样被关进去,非常痛苦。

"文化大革命"初期的疾风暴雨过去之后,我的家庭迎来了更大的灾难。四口之家,被瓦解到了四个地方。我哥哥被分配到福建与浙江交界的寿宁的一个小山村。他是在省四建半工半读的,算中专学历,就分配到那边去。我母亲被下放到武平的十方公社,离广东很近。我1969年插队到武平的永平公社,离江西很近。那时我还未满17岁。我父亲因为眼睛瞎了,武平拒绝接收,就一个人留在厦门。一家四口就这样流落在福建的四个角落:一个在浙江边上,一个在广东边上,一个在江西边上,一个在台湾海峡边上。一个好端端的家被硬生生地扯成了四块。

1956年的四口之家

1969年12月郑启五(左)摄于上山下乡的武平县永平公社所在地帽村

之后,经过漫长的努力,争取亲人的调动,然后慢慢又调到一起。先是我调到我母亲下放的武平南部的处明村;接着我哥哥也调到我母亲下放的地方,然后从武平再调回厦门。1974年冬,在厦门大学任教的父亲毅然提前退休,动用当时唯一的救命稻草——"补员政策",把我补回厦门。学校人事处安排我到厦大外文系食堂当炊事员。经过七八年的抗争,一个破碎的家庭才又慢慢地在厦门愈合。

1974年郑启五一家

就在这时候赶上了"四人帮"垮台,"文化大革命"结束,我们家庭又发生了翻天覆地的变化。我考上了大学;父母亲恢复工作,恢复名誉,得到改正;我哥哥也考上集美师专。历史的转折在我们这个小家庭体现得极为强烈。

另外,从我们家住房的变化也可以看得出来。我家先后住过大南路10号小洋楼、国光三、丰庭一、芙蓉三、敬贤六、敬贤三,最后是敬贤一,这跟父亲的政治浮沉都有紧密联系。我们家最早住的是大南路10号的小洋楼,可以说是独一无二的,非常豪华。父亲成为"右派分子"

被打入另册后,我们家搬到国光三17号。国光楼也是陈嘉庚留下的房子,但是结构很不合理,而且我们住的那一套是最潮湿的。到了"文化大革命",连那样的房子也住不上了。厦大有个司机,喜欢我们的房子,就跟领导说他要住那房子,把我们一家赶到丰庭一的学生宿舍,一家人挤在学生宿舍里面。到"文化大革命"快结束的时候,又搬到了一个叫敬贤六的地方,现在拆掉了。以后慢慢落实政策,"四人帮"倒台后我们才搬到敬贤一,是厦大比较好的新房子。从这个住房的变化,也可以看出我们整个家庭的命运,是跟校园的命运、跟共和国的命运紧紧联系在一起的。

1955年厦门大学国光楼

我们家也是个很特殊的家庭,特殊在哪呢？我父亲、母亲都是厦大的学生,他们在厦大谈的恋爱,所以我是彻头彻尾的厦大人了。此外,我爱人也是厦大的。我跟厦大的感情很深,所以自称"厦大土著",一时还找不到第二个。特别是,母亲陈兆璋也是厦大的学生,那时候女的读厦大的很少,留下来工作的就更少,留下来工作又能成为教授的就更是少而又少了。所以我很为我母亲骄傲,应该说母亲对我这个"野孩子"的影响是很大的。我是 1965 年上的初中,1966 年就遭逢"文革",之后上山下乡,挣扎了整整 11 年。正是有了母亲的影响,有了对文学对图书的热爱,我才能以初一的学历考上大学,考回厦大。这也是我们这个家庭的历史性转折。这里面有国家的努力,有邓小平关键的一步棋,当然也有自己家庭的因素和个人的努力,才扭转了自己这辈子的命运。

二、校园即乐园

1. 开在南普陀寺内的东澳小学

厦大由于跟南普陀仅一墙之隔,所以就跟南普陀建立了非常紧密的联系。在我很早的记忆里面,厦大和南普陀是融为一体的。我读的小学叫东澳小学,它就是借南普陀闽南佛学院弃用的校舍来办学的。所以我们绝大多数的厦大子女,至少我们这一代的厦大子女,要对南普陀感恩有加,因为是南普陀把校舍借给东澳小学,东澳小学才有办学的条件。我就是在南普陀里面读完小学,然后考上双十中学的。因此,从小就有许多与南普陀有关的故事。

那时候南普陀的和尚既要拜佛又要种田,现在的南普陀荷花池当年都是稻田。当时南普陀的住持有多骄傲你知道吗?这个叫觉新的住持,在 1964 年思明区人代会上发表讲话,他是这么说的:"我们南普陀的僧人最听党的话,我们所有的粮食都是自给自足,没有给国家增添负担!"

小时候我们这些男孩子很顽皮,经常到南普陀干些偷鸡摸狗的勾当。比如去偷南普陀的菜啊什么的,拔了萝卜就跑,让和尚大呼小叫地跟在后面追。更喜欢做的是偷钓放生池里面的鱼。因为东澳农场河里的鱼很久才能钓上来一条,而且是鲫鱼,小小的,钓起来很不过瘾,而南普陀放生池里的鱼不仅很容易钓,而且都是大的红的肥的鲤鱼,很容易

上钩。要钓非常容易,只要把一小块地瓜穿在鱼钩上,丢下去,马上提起来,就是一条非常肥大的鲤鱼。在那时候这种鱼是非常难得的,很贵。

我们一把鱼钓起来,和尚发现了就追。我们就跑,很快跑进厦大校园。厦大校园里有一片房子叫大南新村,是华侨的房子。这大南新村就像一座迷宫,我们进去如鱼得水,和尚进去则晕头转向,分不清东南西北。所以,我们一跑进去,和尚就没辙,不敢追了。因此,我们每次一钓上鱼就往大南新村跑。我们现在说的厦大"南校门",实际上它叫"大南校门",因为它靠近大南新村。这个校门长年被称为"厦大南门",实际上它在方位上与"南"是没有半毛钱关系的,而是源于这里有一个大南新村。因此,这个校门的全称应该是"厦门大学大南新村校门",一简称就成了"南门"。这个"南门"不仅让百分百的游客晕头转向,也让绝大多数的厦大人说不清楚来龙去脉。

2. 夏天的海滩和台风

夏天,我们这些厦大孩子的乐园就在海上了。厦大的孩子都会游泳,宽阔无边的大海就是我们很好的游泳池,任你劈波斩浪。清凉的海水给我们留下非常美好的记忆,而且那时候生态很好,运气好的话,在海边游泳有时还可以抓到鲎。这种海洋生物是爱情至上主义者,总是成双结对,因此一抓总是一公一母,两只。它看起来很可怕,张牙舞爪的,其实是很善良的动物。

厦门的夏天还有一个特点,就是台风很多,每年都要来好几个。每次台风一来,飞沙走石,乒乒乓乓,厦大的玻璃窗都要破碎一大片,不管把窗户拴得多紧,玻璃窗还是总要破碎一大片。据说厦大有一笔经费是专门用来维修校舍的,每次台风过后,就要请人来修补玻璃窗。

玻璃窗一破,整个厦大一片狼藉,树倒了,电线杆歪了,但是我们小孩子很快乐。许多大树倒下之后,整个校园就弥漫着一种强烈的草木气息。那时候校园里最多的树是大叶桉,大叶桉倒了以后,树叶就会发出一种强烈的气味,弥漫在整个校园,非常有意思。

3. 到后山捡弹壳挖弹头

此外，那时候我们这些生活在厦大的孩子还有很多特殊的乐趣。比如说，后山上有一个靶场，厦大学生射击队常在那儿打靶。因为海防前线的关系，又因为搞体育的关系，厦大学生射击队是全国最棒的射击队。每次他们射击的枪声一停，我们就争先恐后地跑上山去。跑上山去干什么呢？做两件事情。第一件，捡子弹壳。射击的小口径步枪的子弹壳是铜的，一个可以卖到两三分钱。第二件，更重要的是，我们要到靶场射击的弹着点去挖弹头。弹头是铅的，铅也很贵，好像一斤有三五毛钱。当时三五毛钱是非常大的。反正只要有听到噼里啪啦的枪声，我们就在下面等，一结束就蜂拥而上，去捡弹壳，挖弹头。所以当年我们这些知识分子的孩子，实际上也是没有多少书香门第的味道，完全是一种野孩子的感觉。到了"文化大革命"，就更是完全放任自流了。

4. 电影与画报，认识世界的工具

前面说过，我的名字跟厦大的五座楼有关系。这五座楼刚好是我出生的时候决定要建，到了我3岁的时候这五座楼就都建好了。建好了以后，我就开始有了电影的记忆。首先是五座楼中间的建南大礼堂放电影，50年来，我在建南大礼堂至少看了1000部电影。以前有时候一天要看两三部，因为那时候都是两三部电影连着演，后来就看得少了。

建南大礼堂不仅是厦大的电影院，而且是周边社区最大的电影放映点，整个厦门港的人都可以进来看，校园对这些人没有限制。到建南大礼堂看电影，电影票五分钱一张，或一毛钱一张，不像现在动辄一张几十元上百元。所以建南大礼堂首先给我的印象是电影，感觉非常强烈。因为电影是那时候唯一的娱乐活动，建南大礼堂的兴衰跟电影的兴衰也很有关系。"文化大革命"前，中苏友好时期，放的多是苏联电影；1962年有一批香港电影；到了1962年政治气氛较宽松的时期，有像《早春二月》这样比较抒情的电影；到了"文化大革命"，上演的就尽是《列宁在十月》《列宁在一九一八》之类的电影了；到了改革开放以

后,各种电影就像潮水一样涌进来了。所以在我的记忆中,建南大礼堂是与这些电影联系在一起的。对当时的厦大人来讲,电影是他们唯一的娱乐,是他们认识世界的工具。

第二种认识世界的工具是画报。厦大有一个工会俱乐部,一层楼,苏式建筑,后来拆掉盖了一座毫无特点的大楼,就是我们现在所在的这座楼,很可惜。工会俱乐部从小给我的感觉是亲切,有吸引力。因为工会俱乐部除了可以打乒乓球和弹子球以外,还订有大量的期刊,期刊里面最重要的是有12个社会主义国家的中文画报,有越南的、朝鲜的、苏联的、保加利亚的、罗马尼亚的、阿尔巴尼亚的、波兰的、捷克斯洛伐克的、德意志民主共和国的、南斯拉夫的,等等。幼小的我就是通过画报来认识外面的世界,至少是东欧。这些画报给我留下了很强烈的印象。所以到了"文化大革命",当只剩下一本阿尔巴尼亚画报的时候,我就感到很失落,很不习惯。后来我就自己订了一份英文版的阿尔巴尼亚画报。由于受到各种画报的熏陶,因此,虽然在厦大偏安一隅,但是我从小就有想了解域外世界的感觉,而且非常强烈。这些都是作为厦大子女非常独特的一种生理感觉、心理感觉。

5.植物王国与昆虫世界

之所以说厦大是我们这些孩子的乐园,还有一个很重要的原因——厦大是一个植物王国、昆虫世界。

先说植物王国。

厦大很早就有生物学系,所以在校园里种植的各种树木非常独特,比如前面提到的大叶桉,它散发的气息至今令人难忘。当然,在各种树木中,对我们这些调皮而又嘴馋的小男孩来讲,最有吸引力的非那些果树莫属了。校园里的果树品种繁多,有龙眼树、杧果树、芭乐树、莲雾树,幼儿园里面有一棵阳桃树、一棵梨树。这些都是我们小时候偷偷采摘的对象,所以留下了很强烈的印象。

那时候厦大校园最多的果树是龙眼树,国光楼区几乎被郁郁葱葱的龙眼树所包围。我们爬到树上,抓靠安稳之后,极力伸长手臂,小心翼翼地把果枝扳到胸前,咔嚓一声折断,然后就坐在树杈上大饱口福,随口吐出的皮呀核呀直落树下。落下的龙眼核很快就会被人拾走,因为据说是中药材,可以拿到药店卖钱。可以说,是厦大的果树伴随我们一起成长的,所以一直到现在,那些老龙眼树有几个树杈我都记得。

再说昆虫世界。

伴随着龙眼树的记忆,那就是对昆虫的记忆了。那时候我们与自然的关系非常密切。比如说龙眼树上有黑蚂蚁,要小心提防;还有"臭龟"和金龟子;还有一种相当可爱的家伙,叫"龙眼鸡"——只有拇指大小,头戴红色小尖帽,周身绿披风,如同马戏团里的小丑,漂亮至极,可爱至极。

我们小时候就自己粘知了、捕蟋蟀、捉螳螂、抓牵牛、抓瓢虫、抓蚂蚁、抓蝴蝶,从小就跟大自然的关系非常密切,积累了很多这方面的知识,随便都可以说出几十种昆虫的名字,是现在的孩子所望尘莫及的。我们小时候至少接触了上百种昆虫。有的昆虫是可以玩的,比如蜻蜓、金龟子;有的昆虫是可以吃的,比如蝉。这样的记忆非常独特,非常丰富多彩。

6. 情有独钟凤凰木

我们喜欢校园里能让我们一饱口福的众多果树,但情有独钟的却是凤凰木。

那时厦大校园里的凤凰木似乎比现在还多,而且大多是华盖如云的老凤凰木,枝繁叶茂。我们这些男孩子,之所以对凤凰木情有独钟,是因为看中了那凤凰花朵后面的花秆。花秆特别长,总有二三寸;更重要的是那细长的花秆特别地有韧性,折弯之后不会断,扣在牛皮筋上,轻轻一拉,就可以弹射出老远,打在皮肉上,如同被小皮鞭抽了一下似的,在肌肤上留下一截红色的斑痕。一旦击中皮肤最细嫩的脖子,疼得钻心。但伤皮不伤肉,我们对这个游戏乐此不疲,疼并快乐着。因此,在各种打战的游戏里头,这个游戏大行其道,特别受欢迎。因为它比那些打土坷垃战或弹弓战的危险性都小,所以连老师们也睁一只眼闭一

只眼了。

于是凤凰花的细秆成了我们6月的子弹,用粗铁线简单地弯曲,就成了弹弓的模样;在弹弓的两端,分别铰成两个"耳朵",扣入牛皮筋,"子弹"就可以上膛击发了。常常是把"子弹"用剪刀或铅笔刀一截为二,这样不仅可以增加一倍的"弹药",而且"子弹"的射程可以更远,有效地打击对手。虽说那"弹药"的截面渗出的汁液粘手,连装"弹药"的口袋也斑斑点点的,换衣服时难免遭到大人的斥责,但那风风火火的冲杀追打却是男孩子永远的兴奋。

凤凰花引起男孩子钟情的另一原因是它藏有金龟子,在凤凰木上捉金龟子也是极有乐趣的。大凡有金龟子的都是粗大的老树,一柱光光的主干如同大象的腿,粗粗麻麻、圆圆滑滑的,爬上去的难度大。而凤凰木的枝干很脆,咔嚓一声就异常果断地断开,所以在树上的风险也不小。我在树上来去自如,曾有"猴子"的美称。说来这"树中的凤凰"也真怪,粗大的枝干易脆,而细小的花秆坚韧,这极大的反差给了我思考、回味与无尽的人生联想。5月和6月,金龟子在凤凰花的海洋里飞来飞去,初夏的阳光照得它们的背上金光闪闪的。那一幅画面,是我童年美好的回忆。

三、"文革"初期的厦大校园

当然,校园里也不全是童话,也有血腥,也有死亡。十年动乱,厦大校园给我印象最深的事情有两件,一件是武斗,一件是校园环境的改变。

1."革联"与"促联"的武斗

先说武斗。

1966年爆发的"文革"给厦门大学带来了灭顶之灾,丰庭一因为直面武斗的中心——"造反楼"(卧云山舍),成了枪林弹雨的重灾区。

1983年厦大补救后的丰庭一

丰庭一的全称是丰庭第一楼，是厦门大学的一幢嘉庚老建筑。我就出生在与它近在咫尺的大南路10号楼里，它完工落成的鞭炮声与我嗷嗷待哺的哭声一同留录在母亲半个多世纪前的日记里。老旧的它在2005年已经被彻底拆除。

当年的丰庭总共有三座，分别为丰庭第一楼、丰庭第二楼和丰庭第三楼，连同女生食堂，形成一个口字形。如今只有硕果仅存的丰庭三骄人地屹立在克立楼超市边上，接受各地游客惊艳的目光和无数手机镜头的仰望，而它身后的丰庭二、丰庭一、女生食堂已经连影子都没有了。

据说，1967年8月2日"8·2惨案"那颗射杀"革联"头号人物林金铭同学的子弹就是从丰庭一的窗口射出的。那颗杀人的子弹就是小口径步枪的子弹。

大人们都很纳闷，为什么小口径步枪能够打死人？（他们以为小口径步枪是体育运动的器械）但是，对于我们这些捡过弹壳挖过弹头的小孩子来说，却一点也不觉得奇怪。为什么呢？第一点，厦大有那么多神枪手，不管多远都可以命中目标，命中一个人的目标是很容易的。

第二点，小口径步枪的子弹头是铅的，铅是有毒的。铅打进人体后会散开，散开以后，铅的毒性跟血液搅和在一起，就可能置人于死地了。林金铭中弹后还抽搐了一段时间，但最后还是死了。

当时厦大的学生分成两派，一派叫"革联"，一派叫"促联"。林金铭死了以后，造成两派更大的武斗，一派要复仇，另外一派要守城，为此以后又发生了几起惨案，死了上百人。在网上搜索可以看到关于厦门武斗的回忆文章，是我的一个同学写的。他把厦门"文革"武斗的全过程都回顾了一下。

就是说，继林金铭被射杀的"8·2惨案"以后，又接连发生了几起惨案。因为林金铭被射死后，"革联"就退到郊区去了，"促联"就守城，"革联"几次反攻要打进来，于是就形成了更大规模的武斗。这以后用的就不是小口径步枪了，而是用正规的机枪、冲锋枪、步枪对射，因此伤亡就更多了。我们八中"八二九公社"一个叫卓姗文的同学，非常漂亮的一个高二女同学，是救护队的，为了抢救伤员，就被打死在文灶街头，子弹击中胸部，导致气胸而死。

2. "文革"对厦大环境的摧残

再说环境的改变。

"文化大革命"对校园的摧残到了空前的地步。特别是到了"文革"的后期，大学生全部到农场去，大约三分之二的师生员工上山下乡的上山下乡，下放的下放。整个校园满目疮痍，一片狼藉。连厦大人引以为傲的那五幢楼也是白墙涂黑墨，门窗被砸烂；所有图书馆的门都钉起来封起来；所有的空地，包括建南大礼堂前面那么好的运动场，包括厦大篮球场，全部挖地三尺，开辟成菜地，种地瓜，再拿地瓜喂猪。现在想起来像做梦一样，难以想象一个校园可以被摧残到这种程度。一直拖到1971年下半年，厦大才开始恢复招生——工农试点班。

所以从1966年到1971年这5年时间里面，整个厦大就没有一点点学校的样子。除了大标语，就是破碎的窗户、封锁的教室，所有的场地空地都被挖开来种地瓜，把整个厦大摧残得不成样子。那时候有一句非常响亮、非常时髦的口号,叫作"备战备荒为人民"。所以我经常感慨,厦大何以今天发展得这么快?因为经过了那么残酷的摧残它都一息尚存,所以一旦给它空气、阳光、水分它就迅猛发展。厦大从1978年到现在大概扩大了十倍以上,发展的速度可能超过了全国任何一所大学。

四、两岸炮战中的厦大校园

1. 噩梦一样的跑防空洞

当时在海峡两岸,则同样有"武斗",有"文斗"。

在那个特殊的年代,由于特殊的地理位置,作为位于海防前线的大学,厦门大学还有与别的大学不一样的特殊经历,那就是跑防空洞。

前面说到厦大今天何以发展得这么快,这其中还有一个很重要的原因。当年海峡两岸剑拔弩张,厦门金门炮声不断,极大地制约了校园的发展。一旦这炮声停了,防空洞不再跑了,没有了这个阻碍,厦大也就突飞猛进了。

我生长在厦大这个依山傍海的秀美校园里,但是直到今天,脑海里小时候跑防空洞的噩梦仍然一直挥之不去。

20世纪50年代的头七年,福建的制空权是掌握在台湾军方的手里的。伴随着"反攻大陆"的叫嚣,海峡对岸的轰炸机、战斗机和侦察机袭扰厦门可以说是家常便饭。小时候,我隔着厦大托儿所的铁栅栏,时常可以看到解放军和大学生民兵架设高射机枪对空演练的镜头。校园里有纵横交错的防空壕。大约在1953年,厦大中文系1952级的同学在南普陀后山的岩洞里上课,突遭台湾军机的俯冲扫射,机枪子弹打在岩石上反弹到洞里,削掉了一位叫蔡荣明的同学的头皮,鲜血直流。不久后,国家花了很多的财力和人力,在校园后山的花岗岩山体中凿出了防空洞,尽可能保证师生们的安全。于是三更半夜防空指挥部凄厉

的警报一拉响，父母即刻把我推醒，父亲拎着热水瓶，母亲拉着我，我手里抓着自己的小板凳，一家人深一脚浅一脚地随着左邻右舍黑压压的人群向国光三后面的防空洞转移。不能有灯光，熹微的星光下依稀晃动着尖尖的枪刺的光，学生民兵站在路旁低声吆喝着："快点，跟上！"从1956年到1962年，这6年的时间差不多都是这个样子。

厦大后面的防空洞可以说是中国最坚固的防空洞，因为它上面有几百米厚的岩石，花岗岩。从小就有跑防空洞这么一个经历，对我来说是惊心动魄的，那呜呜呜的警报声简直可以撕魂裂魄，记忆是相当独特的。这是对我个人来说。对厦大而言，这样的一个经历，在全国乃至全世界的大学中也是独一无二的，因为很少有哪一所大学，从1949年到1979年，整整30年的时间在防空洞里面躲避着炮火。

1958年8月23日17时30分，厦大的师生推窗见到远处南太武山至小金门的上空一片红光，仿佛大面积燃烧的晚霞一般，千万条越海的弹道化成海天一色的天然大银幕上壮丽的奇观。由于弹落点都在金门岛上，相隔的一水明显淡化了爆炸的震撼。我们厦大幼儿园的小朋友正排队回家，人们大大小小一时间都驻足远眺。五分钟之后，厦大防空指挥部响起警报声（而以往大多是先有警报声，过了好久才有爆炸声的）。幼儿园的阿姨如梦初醒，连忙赶鸭子似的把小朋友们赶向附近的防空洞。又过了一刻钟左右，厦大防空洞里的人们开始感到头顶和附近有沉闷的爆炸声，那是金门大炮还击时零零星星的炮弹。

这就是轰动世界的"八二三"炮战，史称第二次台海危机。密集的炮火前后持续了85分钟。据统计，解放军厦门前线部队共发射炮弹3万余发。金门军方20分钟之后有弱势的还击，发射炮弹2000余发。我们在厦大防空洞内隐约可以感受到弹落时的震响。控制料罗湾出口的解放军海军岸炮部队遭到金门方面的重点还击，位于围头的解放军海军岸炮第150连的一号炮被金门的炮火击中起火，战士安业民在烈火中坚持战斗40分钟，周身大面积烧伤，经抢救无效，壮烈牺牲。

半个月后的9月9日，金门的数发炮弹落在厦门大学建南大礼堂附近，图书馆、物理馆和生物馆等几幢建筑遭到了不同程度的伤损，化学系的谢甘沛同学受伤。中央新闻纪录电影制片厂到厦大拍摄了纪录片《战斗的厦门大学》，全中国都通过银幕看见了厦大坚实的防空洞和威武的厦大民兵师。这部电影的拷贝存放在厦大建南大礼堂里，1959年之后常常要免费放映给新生看，作为校方给新生上的革命传统教育的第一课。

"文革"后的1977年年底恢复高考，我考进了厦门大学外文系。海峡两岸紧张的军事对峙仍在继续，我们新生都要参加人防工程劳动，就是对我小时候躲过的那个防空洞进行深挖和扩挖。洞中熟悉的潮湿的空气扑面而来，我再度体味着洞中那没有日月星辰的压抑感。看来我们的厦大仍做好了进防空洞的准备，难怪不少外省的家长舍不得让孩子报考这所地处福建最前线的大学。

1979年元旦全国人大发表《告台湾同胞书》，海峡两岸关系开始全面逐步缓和。海防哨取消了，防空洞被闲置了，后来中间的一个洞区被用来养蜗牛，而左边的一个洞区则被开办成娱乐厅，右边的则最终被封了起来，但洞中仍有涓涓细泉流向洞外。

这也是关于厦大的一个比较特殊的记忆。

2. 听到了海峡对岸的"靡靡之音"

除了炮击，就是两岸互相进行的政治宣传。

那时候，特别是"文化大革命"时，国民党加强了对我们的宣传攻势，每每到了海水高潮的时候，金门国民党的广播听得特别清楚。整个厦大校园里面都是它的广播的声音。在大陆严禁"封、资、修"，严禁"靡靡之音"的时候，厦大校园里却回旋着邓丽君那软绵绵的歌声，所以我们都会唱邓丽君的歌。而且那时候金门的广播音调非常绵柔徐缓，跟我们高亢激越的音调形成强烈反差，让我们倍感新鲜。那个音调我至今还记得："共军弟兄们、大陆同胞们……"印象非常深。

3. 海上陆上都有警戒线

当时的厦大周边还很荒凉，我们从学校走到白城路口就不能过去

了,过去就是老百姓不能涉足的军事基地,是部队的营房重地了。另外有一条沙子路,通过去,那边有一个基干民兵的哨所,黄昏的武装民兵守在那个路口。当时有要去投敌的,走到那个哨口还去问路,结果就被抓走了。

还有我们在胡里山海边游泳,海上也有一条警戒线,也是不能逾越的。只要过了胡里山100米的警戒线,民兵就会放枪,警告我们不能再往前游了,只能在线的这一边,不能过到那一边。所以武装民兵给我们的印象也非常强烈。

五、把东澳农场剥离出去

1."都市里的村庄"

小时候的厦大校园令人很没有校园的感觉。我和小伙伴玩"打野战",常常趴在五老峰山腰的巨石上,用大叶桉的树叶卷成的"望远镜"鸟瞰厦大。只见几列瘦瘦的教学楼、宿舍楼、家属楼与成堆的农舍茅屋犬牙交错,或散落在荒山脚下,或跻身于田头地边,三两条蜿蜒的土路像细细的白线勾连其间,校园几乎全是大片大片的菜园子。夹着讲义的教授与挑着大粪的菜农或者老牛天天擦肩而过,而且老牛经常会非常不客气地在教授的边上拉下一泡粪便,空气中总是飘散着淡淡的牛粪、牛尿和沤烂的包菜叶发出的气息。现在回味起来,昔日的厦大可真像是一家荒郊野岭中的"菜农学府"。

因此,我一直把厦大描绘成"都市里的村庄",因为它跟农田、农家关系太密切了。

特别是到了收包菜的季节,整个厦大校园的空气里就都是一种烂包菜的味道了。因为那时候厦大农场种的都是包菜,包菜收成的时候,外面的叶子要扒下来,丢在田里让它腐烂,所以味道就充斥了整个厦大校园。

东澳农场跟厦大的关系就是这样密切,你中有我,我中有你。除了烂包菜的感觉以外,它有很多小河小溪供农田的灌溉。那时候生态非常好,小河小溪里面有很多小鱼小虾。小鱼里面有一种"白叶仔",还有一种可以斗的叫"中斑",可以抓来玩,还有"土溜""土杀"。到了1962年,引进了非洲鲫鱼,我觉得这对生态是个很大的破坏。这个小河里原先的鱼突然间就消失了,全变成非洲鲫鱼了。非洲鲫鱼的生命力非常旺盛,一直到今天河里都是。它的肉不多,骨头却又多又硬,我们小孩子对非洲鲫鱼的印象坏透了。

2. 把农场剥离出去

东澳农场从厦大剥离出去是在1990年。做出这一重大举措的人是林祖赓①。

1990年,改革开放继续深入。这个历史机遇被当时的校长林祖赓抓住了,就准备把东澳农场从厦大里面剥离出去。

东澳农场里面的这些农民已经在这里定居四五十年了,现在突然要把农场剥离出去,其难度可想而知。但是,话又说回来,一个大学校园,跟一个农场挤在一起,也很不像话,很不和谐,是不是?面对这一难题,林祖赓校长采取了两个步骤。一是跟厦门市政府配合,在厦门几个小区里面购置了房子,让这些农民搬出去,这是"推"的办法。二是规定每个农民家庭可以留一个人在厦大工作。就这样软硬兼施地把这个大难题给解决了。

这个问题如果当时不解决,拖到今天那不得了。因为不仅是农田跟学校混在一起,更重要的是农舍和住家也都在里面。里面的农家偷厦大的建筑材料,然后七搭八盖,盖了很多小屋子,密密麻麻地布满了

---

① 林祖赓是福建泉州人,1956年毕业于厦门大学化学系。历任厦门大学副教授、教授、科研处处长、教务长、副校长、校长,中国宇航学会空间能源委员会第三届副主任委员,电化学家。在任厦门大学副校长(1986年5月至1990年7月)、校长(1990年7月至1999年4月)期间,积极推行办学体制、校内管理体制等各项改革,为厦门大学发展做出了贡献。

校园的核心地区,叫东边社,包括现在篮球场那边都是叫作东边社。长期以来,东边社的农民就这样慢慢扩张,今天拿学校几条石条,明天搞学校几包水泥,后天搬学校几摞瓦片,日久天长,日积月累,三十年它就成为一个村庄了。而且他们在村庄里面开始搞各种经营,开理发店啦,经营炒米粉啦,专门吸引学生去消费,所以也发展得红红火火。可以说,东澳农场的存在,已经极大地制约和阻碍了厦大的发展。好在1990年,厦大采取了关键的步骤,终于把它从学校中剥离出去了。

当然,厦大为此也背上了一定的包袱。给这些农民买了房子让他们迁出去,还雇用了这些农民的后代,给了他们很好的待遇。50岁的女工,55岁的男工,就可以退休了,有五六千块钱领,待遇非常好,等于补偿他们父母那时候住房的损失。这个也是厦大一件非常大的事情。

不少人都认为林祖赓校长少有作为,但千万要记住的是,至少他在任期里面解决了厦大的这个问题吧?不然厦大永远是一幅很不协调的景象。而且随着时间的推移,房子的迁动是越来越困难了。那时候已经很困难了,现在更是几乎不可能。而且那些人已经形成一个利益群体了,弄不好就是群体性事件,要动它,真的很难。

我是老三届

口述人：陈元麟
采访人：郭凯
采访时间：2017 年 11 月
采访地点：思明区金榜阁 24 号陈宅

【口述人简介】

陈元麟，1949 年出生于厦门，当过插队知青、代课教师、临时工、印刷工人、编剧、编辑。中国作家协会会员、中国电视艺术家协会会员。历任《厦门文学》杂志社主编、社长，厦门文学院院长，厦门市文联副主席，厦门市作家协会主席，福建省作家协会副主席等。20 世纪 70 年代后发表文学及舞台、影视作品，已结集出版有散文、随笔集《我们看海去》《爱的祈祷》《寻找自己》《大地之上》《陈元麟散文自选》等多部。

【内容简介】

这是与共和国同命运的一代人的历史。他们尝过海防前线凄厉的防空警报，体验过蔓延全国的三年自然灾害，更经历过史无前例的"文化大革命"。跑警报、挨饿、停课闹革命、斗老师、破四旧、大串联、武斗、上山下乡……是他们这一代人逃脱不了的宿命。动乱结束后，他们重新燃起对理想的追求，为夺回失去的青春、为一纸文凭而拼命，那种艰苦卓绝的精神令人动容。历史不该忘记他们——老三届！

小 学

我出生于 1949 年，刚好与共和国同龄，属于人们口中所说的老三届。

我是 1956 年 7 岁上的学。报名的时候我们家还住在霞溪路，所以我是就近在霞溪小学报的名。没想到报完名以后我们就搬家了，搬到武当分镇，也就是同文顶下面的一条小巷子里。我哥哥原来读的也是霞溪小学，搬家以后他就转学了，转到厦门第二中心小学，学校在同文顶上。但是我刚报名，不愿意转。因此我上学的路是比较远的，要走过中山路，再到霞溪路，有一段不短的距离。

如今的同文顶

当时厦门人口不多。我们搬过去时，武当分镇附近小巷很多，蜿蜒曲折，像迷宫一样，住的人少，非常安静。我们住的那个地方叫武当分镇横巷，另外还有一个武当分镇巷，也就是直巷。现在已经很少有人知道了。直巷和横巷之间，原来有一块很大的岩石，就在原来的文安派出所旁边。岩石上面刻着四个大字——"武当分镇",岩石下面有一个大岩洞,我们小时候经常到洞里玩,在这里可以玩捉迷藏啦,打仗啦,可以说是我们的乐园,因此印象特别深。开始我们不懂为什么这里叫武当分镇,后来才知道它和湖北的武当山有关系。岩洞边上有个小庙,据说就是从武当山"分炉"过来的,是分支,所以这里叫武当分镇。后来,大概应该还是在"文革"前吧,这个岩石就被炸掉了,盖了厦门七中的校舍。厦门七中就在同文顶上,利用原来第二中心小学留下来的校舍办学,就是现在厦门市社科联办公的这地方。但同文顶上的校舍不够用,就把同文顶下的这个巨岩炸掉,并把那地方整平,盖了两幢校舍,各有三层楼还是四层楼,记不很清了。

早年很多学校都建在祠堂里面。霞溪小学当时就建在黄厝的祠堂里面,没几个班级。祠堂里面还有一些神主牌,我们去的时候还摆在那儿,阴森森的。后来大概在我们读三年级的时候吧,就在古城东路旁边的华侨大厦后面的空地上盖了一座校舍,学校就搬到那儿了。学校曾一度改名为古城小学,后来又恢复霞溪小学。"文革"后又搬回霞溪路,但不是在原址。原来古城东路旁边的那个学校现在也没了,合并到哪里我也不清楚了。

厦门濒临台湾海峡,与金门非常近。那时候海峡两岸对峙,厦门是海防前线,因此常有国民党的飞机来骚扰。当时厦门还没有高楼,我们还在黄厝祠堂里面上课。那祠堂是平房,国民党的飞机飞得很低很低,几乎就是贴着祠堂的屋顶掠过,从我们的头顶掠过,如入无人之境,非常嚣张。我们甚至都可以看到飞机上的国民党党徽和里面的飞行员的头盔。那时候解放军的炮兵大概都抗美援朝去了,飞机一来,地面只能"砰砰砰"的放枪。到了1958年以后,情形才有所改观,可以用高射炮来打飞机了。但是还是不行,敌机仍然可以从高空进来,照样来骚扰,一直到1962年还有美制U2飞机入侵。直到那一年有一架U2飞机被打下后,厦门空中才恢复平静。读小学的时候,一个非常深刻的印象,就是经常有防空警报。警报一响,老师就叫我们钻到桌子底下。当时

家家户户的玻璃窗户都要贴上米字纸,以防炮弹爆炸玻璃破碎飞溅伤到人。此外,家家户户门前一定要堆沙包。用牛皮纸做一个筒,装进沙子,再封起来,放在小木箱或纸箱里头,叠在门口。一旦敌机投弹发生爆炸,就可以用来灭火。中山路不是有很多骑楼吗?当时绿岛骑楼外面整个都砌墙封起来,还有思明电影院的门口也是用墙封起来,叫"防空墙"。一旦防空警报拉响,大家就可以躲到防空墙后面。战争的氛围非常浓。还有戒严,一般人只能到胡里山那边,再过去就有民兵放哨,要凭路条,不能随便过去了。印象中,20世纪50年代满大街都是军人。当时厦门岛据说驻扎了六个师,但到1962年以后大部分撤到同安一带,只留下一个师,据说是想做出放弃厦门的样子,以便诱敌深入。当时军民关系很好。三年级的时候,那是1958年秋天,一天下午,我跟一位同学到纪念碑那边玩,傍晚时分遇到下雨,我们就在树下避雨。这时,两个解放军战士刚好路过,停下来问我们:"小鬼,你们没带伞?"我们摇摇头,两个战士嘀咕了几句,其中一个脱下雨衣给我们挡雨,说:"你们赶快回去。不过这雨衣是部队发的,你们要还给我,明天这个时间我还在这个地方等你们。"说着就和另一个战士顶着雨衣走了,连我们的名字都没问,就把雨衣给了我们。我们就穿着这雨衣回家,第二天真的按约定的时间地点把雨衣还给了那个战士。

另外一件印象深刻的事情,就是饥饿。三年困难时期,"瓜菜代",什么吃的也没有,母亲常常为了下一餐吃什么而犯愁。饭里面就那么一点点米,全是汤,吃饭就等于喝米汤,再怎么喝也还是饿。真是饿得发慌。上学时,很多同学衣兜里面都会揣着一块胡萝卜,饿的时候就拿出来咬一口。其实真正挨饿的是大人,他们宁可自己饿肚子,也要尽量省出一点东西来给小孩子吃。后来出现了一种叫作"中级饼"的食品,凭票供应,很粗糙,放到现在肯定没人吃,但在当时偶尔吃上一块就很高兴了。不用说饼了,哪怕能吃到一颗糖也是很高兴的事。有时候妈妈会偷偷地塞给我一个中级饼或一分钱让我去买杯麦乳喝,我就觉得那是一种很高级的享受了。

再一个印象深刻的事情就是勤工俭学。勤工俭学的内容有几样,一个是剥龙眼肉做龙眼干,另一个是甩龙舌兰抽丝,还有就是拔金狗毛做药材。我们最喜欢剥龙眼肉了,因为可以偷吃一两粒,那是很大的口福。

中　学

我是1962年上的中学,读的是厦门一中。厦门一中的前身是玉屏书院。原来一中跟五中是合在一起的,叫省立中学,到1953年才分开的(一中20世纪50年代初从旧址搬迁至白鹤岭下,目前最早的校舍是1953年所建,叫"五三楼")。玉屏书院这地方就变成五中,只设初中部;一中这边只设高中部,一所学校就此一分为二。从1953年一直到1962年,十年间,一中都是只收高中不收初中,所以我们1962年这一届就有幸成为厦门一中的第一届初中生。记得我们这个年段有六个班,都是从各校挑来的,准备好好培养,六年后高考拼一拼。那应该是冲升学率去的吧。因为是第一届,没有初二初三,物以稀为贵,所以我们很受宠爱,处处受到照顾,上食堂,进图书馆,那些高中的大哥哥大姐姐总是让着我们这些小弟弟小妹妹。

那时候经过了三年困难时期,整个国民经济开始慢慢地复苏。到了1963年,整个教育也开始慢慢地恢复了。我属于1965年初中毕业、1968年高中毕业的老三届。从1963年到1965年这三年时间,刚好是我的初中阶段。我觉得这是我这一辈子学习的黄金时段,学到的东西比较多,基础打得比较扎实。那时候新中国成立也有十几年了,教育在不断进步,教育体制也在日益完善。当时又强调教育跟实践相结合,不像现在死读书。印象中,那时候厦门一中的课外活动异常活跃。下午,第一节课是自习,很少上正课。老师布置的作业基本上在自习课就做完了。每当第二节课铃声响起之际,就是各学科兴趣小组活动开始之时。当时的兴趣小组很多,从语文、数学、历史、地理、物理、化学,到音

乐、美术、书法，都有。我报名参加的是书法兴趣小组。在老师的指导下，我选择了颜真卿的楷书字帖。练了一段时间，写起来也有点模样，参加全市中学生书法比赛，竟也得了奖。那次的获奖者，后来很多成了我市书法界的中坚力量。1966年夏天，全国"停课闹革命"，我们一中书法兴趣小组的同学个个都成了抄大字报、刷大标语的主力，平素舍不得用的笔墨纸砚，此时尽可以大手大脚毫无顾忌地挥霍。在如此尽兴的涂鸦中，我们的书法水平也得到了提高。在学校的"文斗"演化成社会上的"武斗"的日子里，我终日无所事事，在家练书法便成了打发日子的一种方式。此时，字帖已经成为"四旧"被扫进"历史的垃圾堆"。我从一位同学那儿借来了一本谭延闿的颜体字帖，爱不释手，就将一张张透明的纸蒙在字帖上，一个字一个字地描摹其轮廓，然后装订成册，克隆了一本。另外，一中还有文学社团办了刊物，油印的，叫《万山红》，还拿出来卖，每本收点工本费，卖给需要的学生，作为经费，靠这个使刊物生存下来。一中还有广播站。我曾经当过广播站的编辑，在这里学会怎么组稿，怎么选稿，怎么改稿。一旦开运动会，广播站就要现场直播，我这个编辑就要临时赶稿或组稿，这些都是很好的锻炼与实践。20世纪80年代后，我真的当了专业编辑，应该说在一中广播站当编辑的这段经历对我帮助很大。当时一中的图书馆相当不错，书法兴趣小组没有活动的时候，从下午第二节课开始，我就可以泡图书馆，外国文学、中国文学、古典文学、现代文学、诗歌、小说、散文，杂七杂八，什么都看。我很多书就是在那个阶段看下来的，很多知识就是在那三年积淀起来的。中午一般也不会午睡，跑到阅览室看报纸，看杂志，看画报。

总之，初中那三年是我这辈子学得比较多、过得比较充实的三年。

可惜好景不长，到了1965年以后，就变成以阶级斗争为纲了，政治学习就多了，开始提倡"一颗红心，两种准备"了，号召学生到农村去，到边疆去，开始有人上山下乡了。那些比我们年长的人，有的很早就上山下乡了。当然，当时只是号召，不像我们老三届是整批整批地动员下去。到1969年年底,几乎是强行逼迫你下去。你不下乡,居委会、学校就派人整天在家里缠着你,闹得你非走不可。"文革"前的上山下乡其实只有少数人下去。所谓少数人是哪些人?基本上是家庭成分不好的,因此,哪怕你学习再好,但人家已经给你"做记号"了,你也是上不了大学的。这些人就被动员去下乡了,下到永定程溪农场、同安九栈林等地。我们大批的上山下乡是"文革"后,积累了六届毕业生,太多了,没地方安排,怕在城里闹事,就把我们弄到乡下去,到上杭、武平、永定这"闽西三线"去。思明区的到武平,开元区的到上杭,鼓浪屿区的和集美区的到永定,去向大致是这样的。另外,还有一部分人是投亲靠友,到三明等地去插队。

动 乱

我读高一的时候,1966年,"文化大革命"来了。

那时候我们期中考刚刚考完,高三年段的同学都在准备高考了。5月的一天,学校突然发出一个重要通知,说晚上有重要广播要收听。那时候各个班级里都装有小喇叭。我们都集中在教室里听广播,原来是传达《中国共产党中央委员会通知》,也就是"五一六通知"(以下简称《通知》)精神。《通知》批判了《"文化革命五人小组"关于当前学术讨论的汇报提纲》的反动实质。因为这个汇报提纲是1966年2月批转的,后简称《二月提纲》。《通知》宣布撤销所谓的"文化革命五人小组",重新设立"文化革命小组",隶属于中央政治局常委之下。由陈伯达任组长,康生任顾问,江青任第一副组长。《通知》告诫全党:"混进党里、政府里、军队里和各种文化界的资产阶级代表人物,是一批反革命的修正主义分子,一旦时机成熟,他们就会夺取政权,由无产阶级专政变为资产阶级专政。这些人物,有些已被我们识破了,一些则还没有被识破,有些正在被我们信用,被培养为我们的接班人,例如赫鲁晓夫那样的人物,他们现在正睡在我们的身旁,各级党委必须充分注意这一

点。"后来,《人民日报》以《伟大的历史文件》为标题,指出"这个文件,吹响了无产阶级文化大革命进军的号角"。学校传达时还说,学校要停课三个月,参加"文化大革命"。当时同学们都高兴坏了:太好了,期末考试不用考了!大家欢呼雀跃。以为这"文革"跟反右派斗争一样,是大人的事,跟我们没多大关系,只是为自己不用读书而高兴。没想到,从那以后,所有学校的招生和课程运行全部陷入停顿状态,处在所谓"停课闹革命"时期。最倒霉的是高三的同学,本来都准备得差不多,马上就要参加高考了,却突然来了这么个《通知》,一切努力全都泡汤了。

  接下来,就是批斗那些所谓的"牛鬼蛇神"。当时我们很奇怪,这哪个老师有没有历史问题,学生怎么会知道?后来才知道,是那些缺德的管档案的人在暗中抛材料,给学生提供大批判的材料。然后,怂恿学生去写他们的大字报,揭发批判。我们的地理老师课讲得非常好,非常有激情。他对着一张地图就能滔滔不绝讲上一节课。他总结出来的一些知识点,会让你一听就记住。如地图上的意大利形状很像皮鞋,他就说,意大利的皮鞋是世界上最有名的。一下子就让你记住,再也忘不了。每次听他的课都会被他的激情所感染,享受到学习的乐趣。他与未婚妻闹矛盾,想分手。这本来属于个人私事,居然有人就这事写了很长的大字报把它捅出来,搞得满城风雨。还有那些有历史问题的,什么国民党员、三青团员之类,更是"罪责难逃",都被一个个揪出来,贴大字报,批斗。一中有好几个书教得很好的名教师,一夜之间都变成了阶级敌人。那时候,经常全校集中在操场上开大会,一通讲话之后,突然有人大喊,把某某人拉出来,就把某个老师拉到台上批斗。很快地,学校红卫兵组织成立了,有的红卫兵还搞了一个"红色恐怖"的场所,据说布置得很恐怖。当时的王毅林校长(后为厦门市政协副主席)就曾被拉到里面批斗、体罚。

  再就是"破四旧"。

  我不是学校正式组织的红卫兵,没权参与"破四旧",但我喜欢看热闹。红卫兵"破四旧",我就跟着去看热闹。印象深的有两次,一次是冲击寺庙,一次是冲击基督教会。

冲击的寺庙是万石莲寺。那天午饭后在教室里休息,忽然听到外面有人喊红卫兵紧急集合,之后便见到一群穿着旧军装的红卫兵,手上拿着锤子、绳子什么的,雄赳赳气昂昂地往万石莲寺跑去。我们也跟着跑。当时庙里面有驻军,红卫兵一来,部队表示支持红卫兵的"革命"行动,马上将庙里的东西清理出来。红卫兵冲进庙里面,喊了一通口号之后,就把一条很粗的绳子套在如来佛的身上,几个人使劲往下拉,那佛像应该是木雕的吧,"砰"的一声就倒在地上了,扬起了一团烟尘。

冲击的基督教会则是小走马路的青年会,定安小学这边,我家就在附近100多米的地方。那应是1966年8月份的事,天气闷热。那天我在家闲着,忽然听到很多人往青年会跑,口中连声说着"去看热闹去看热闹"。我不知道怎么回事,也糊里糊涂地跟着跑。原来是我们学校的红卫兵在"破四旧",只见他们冲进青年会,抄出了一大堆书啊唱片啊之类的,从楼上"砰砰砰"的往下丢。那些唱片是黑胶的,一看都是些外国交响乐。然后又把基督教人员,男的女的都押到庭院里,弄来几条长板凳,排成一排,命令他们站上去,头低下来,将那些抄出来的书啊唱片啊堆在他们面前的地上。红卫兵挥着拳喊着口号,宣布基督教毒害人们精神的种种罪状,然后就把那堆东西点燃。一时火光熊熊,烟雾腾腾,那些基督教人员站在上面,被烤得满脸通红,大汗淋漓。后来我没看完就走了,也不知闹剧是怎么收场的。后来听说,那天晚上有人自杀了。死者叫颜宝玲,当时厦门很有名的女高音歌唱家,听说是受不了折磨,跳楼死的。

串　联

我的家庭成分属于中不溜秋,不上不下的那种,加入红卫兵要求根正苗红,当然没有我的份,1966年8月份开始的红卫兵大串联也没有

我的份。一直到这年的11月份,有同学跑来问我:"很多人都跑去串联了,你怎么不去?"我才和几个同学扒火车去串联。我们拿五分钱买一张月台票,混上了火车,先是混到福州,再到上海。那时候,铁路基本上都瘫痪了。车厢里塞满了人,连座位底下也塞满人(有些学生就趴在座位底下),行李架上也挤满了人,没有一丝空档。没办法小便,因为厕所里也挤满了人,只能憋着,一到站,赶紧跳下车解决。好几天后才到北京,一到北京就很有秩序了。从先农坛车站下车,马上有解放军过来点人,约一百个人组成一个队,然后宣布:"你们是毛主席的客人,首都人民欢迎你们。你们现在是第几军第几师第几团第几排,排长某某某。"那排长真的是由解放军的排长担任的。然后,这百来人挤上军车,拉到哪里算哪里。我们运气很好,被拉到王府井附近的冶金工业部机关招待所的红卫兵接待站,等待毛主席接见。当时北京的居委会、中直机关等单位都有红卫兵接待站,进去吃饭不要钱。我们睡在大礼堂,地上铺了草席,大家睡通铺,里面有锅炉生火。把馒头切片放在锅炉上烤,特别香。接见当天,凌晨三点就叫我们起床集合,每人分到了两颗鸡蛋、一个馒头、一根香肠,用塑料袋装着,要顶两餐。带队的说:"这是毛主席送给你们的。"上了车,只见很多车辆排着长队进场,一关一关地过去,拉到长安街,天都已经快亮了。印象中,我们排在民族文化宫对面,西长安街这边。听说队伍很长,一直排到郊区。大概早上九点或十点,毛主席的车队从天安门那边出来了,毛泽东、林彪、刘少奇(当时还没被打倒)、周恩来、陈伯达、康生、江青等人,就从我们面前经过。毛主席还一直朝我们挥手。大家激动啊兴奋啊,"毛主席万岁!毛主席万岁!"的口号喊得震天响,很多人嗓子都喊哑了。接见结束了,每个人都急迫地要解决"放水"问题。那么多人,怎么解决呢?就在天安门城墙前面,用帆布围起来,涂上红色,远远看起来跟城墙的颜色差不多,在墙根下现在种花的地带挖出一条沟,很长,大小便就都在那儿解决。

"文革"中串联的学生

武 斗

　　转眼就到了1967年年初,春节刚过,我带着九岁的弟弟到福州看望叔公,适逢几位堂叔(和我年纪相仿)、表弟等五个人正准备外出串联,见我来了就邀我一起走。其实这个时候,全国的串联都已结束,但我们都闲得无聊,于是,如法炮制去年偷扒火车的方式,从福州到南昌,从南昌到长沙、武汉,再从武汉坐京广线到广州,然后从广州回福州,最后到宁德外婆家住了大半年。回到厦门时已是8月份了。

　　兜了大半年以后回来,发现厦门的造反派早已因为一月夺权而分裂成了两派群众组织,一派叫"促联",另一派叫"革联"。那天我找到初中时最要好的同班同学,问他是哪一派。他说他是"促联",我说:"好,那我也跟你加入'促联'。"其实也不知道是怎么回事,糊里糊涂就参加了,实际上后来也没怎么参加活动。那天正好是罐头厂的夺权,我跟着同学也去了,但我们去得太晚,到的时候他们已经夺完权了。所谓夺权是怎么回事呢?就是冲到工厂办公室,把公章抢到手里,然后占领广播室,在广播里大声宣布夺权了。那天晚上,我们还在厂里吃了一餐咸稀饭。这一次夺权的结果,是"促联"胜了。

后来就发生"武斗"了。这一"文化大革命"中不同造反派组织之间相对于"文斗"的武装冲突,从最开始的棍棒,到自制步枪、手榴弹甚至土炮、装甲车等,逐步升级。最早在上海开始,后扩大到全国。武斗者多为年轻人,死伤惨重。厦门岛内以1967年6月的五中武斗和8月的厦大武斗为标志。最早的武斗以石头、砖瓦、木棍为主,从海防中学也就是厦门五中开始,因为夺权而发生武斗。这一年6月份,五中"革联"的学生叫了一些食品公司"革联"的工人打"促联"的学生。食品公司的"革联"叫独立总司令部,简称"独总"。因为这个组织以屠宰工人为主,杀猪的,白刀子进红刀子出,胳膊粗手头重,他们一出手,"促联"的学生根本不是对手,一下子就被打得落花流水。这是拳头的武斗。8月的武斗出现了小口径步枪,厦大"革联"的头头林金铭在厦大造反楼内被击毙。当时他也就二十一二岁,不知是大一还是大二的学生,福州人,是彻头彻尾的工人阶级出生。当时的造反派头头都要成分很好的,让对方无可指摘。厦门动用真枪实弹的武斗就是从这时候开始的。

自从厦大这个造反楼事件以后,"革联"就开始撤退。因为"促联"在城区里面很强大,他们感到危险,就离开市区到郊区去,因此郊区基本上都是"革联"的天下。

厦门大规模武斗是1967年的"8·19"大武斗。"促联"去瓷厂夺权,结果这些学生中了"革联"的埋伏。"革联"出动的是民兵,有备而来,"促联"的学生赤手空拳,被机枪打死好多人。"促联"就在市区抬着尸体游行。从此,厦门两派更大规模的武斗就开始了。"革联"从郊区一路打过来,步步为营,而"促联"节节败退。到1968年夏天,"促联"的地盘只有老市区的几条马路了。几乎整整一年时间,厦门岛上枪声不断,不时有伤亡事件出现。那时,中山路绿岛饭店门口成了"促联"的新闻发布中心,我每天都到那里看大字报,了解武斗的情势。

直到这一年的8月10日,同文顶上发生了一场激烈的战斗,"革联"死伤惨重。厦门驻军出来干预后,双方的武斗才算结束。

这一场武斗,我是见证者。那天天气酷热,我和邻居几位年轻的伙伴决定晚上到同文顶下那幢炸掉石头后改建的校舍消暑。因为武斗,学校几乎是放空城,无人管理。我们带了几条草席,找了一间楼上最顶层的教室,准备在这里过夜。之后分头去买酒、卤料,到楼上教室顶层,铺个草席,点支蜡烛,围在那边喝酒、闲聊。半夜,突然响起"砰砰砰"的枪声,探出窗外,只见一串串火光掠过夜空,格外刺眼。吓得我们赶快趴下来,听着密集的枪声,一晚上没敢睡。第二天五六点钟光景,我们几个胆大的就下去看动静,想看看昨天打了一个晚上现在怎么样了。刚走到七中大门口台阶前的小巷,就赫然看到两具尸体,一个趴在地上,太阳穴破了一个洞,有白白的脑髓流出来,没见到血;另一个侧身躺着,左腮帮被打裂,绽开了一个大口子,里面的肉外翻,像一个张开的嘴巴。在他们前面有一行血迹,一直到小巷一户人家的门口消失了。我们当即悄悄地说,可能有人受伤,被这家人救了。正议论着,门咿呀一声打开了,一位老太太从门缝里伸出头来朝外探了探头,又关上了门。我们继续往学校里面走,主楼右边有个灯光球场,球场跟主楼之间有座矮房子,是七中的体育室,收藏体育器械的地方。门开着,我们探头一看,哇,又是好几具尸体!然后拐进球场,只见不远处又有几具尸体,大家吓得眼直口张,魂飞魄散,不敢再看下去,赶紧飞奔回家。后来八九点的时候,我按捺不住好奇心,又约了一个好朋友再去看看,哎,小巷里的两具尸体不见了。往前走去,小巷深处,墙边蹲着几个人,头戴钢盔,手握冲锋枪,身子紧贴着墙,见到我们就很严肃地挥手示意我们赶紧走开。我们猜想,这可能是"革联"来善后,收尸来了。后来想起来挺后怕的。好奇害死猫,当初要是他们不由分说也给我们一梭子,我们不是也去了?

当时我们只是看到现场,但这场武斗的过程却是下乡武平后才知道的。一次与一位曾参加过武斗的校友闲聊时,才知道事件的来龙去脉。原来前面有一仗"革联"打输了,有些激进分子(后来我才知道,这些人很多是侨生,刚回国不久)很不甘愿,就决心报复,想悄悄地占领七中的制高点。但他们没有军事常识,七中那地方不好守也不好退;而且他们要占领这地方的消息走漏了,因为群众组织总是你中有我,我中

有你。消息被"促联"掌握之后,那天晚上"促联"就派出一个小分队化装成"革联"的。怎么化装呢?就是手臂扎着毛巾,而且有口令。"促联"这个猛虎小分队,很多人是从军队转业下来的,有打仗的经验。他们全副武装,在七中校门口的小巷里遇到了"革联"的武斗人员,对上口令以后,冒充者就命令"革联"的小分队向后转,朝某个方向走,占领某个高地。当他们刚一转身,没想到后边"砰砰砰"的一梭子打过去,当场打死了好几个人。其他人立即仓皇向校内奔去,可能试图占领最高点。"革联"的人躲到体育室,"促联"的追上去,喊:"缴枪不杀!"还真的有枪扔出来。"促联"的人以为对方投降了,就把门踢开,没想到里面"砰砰砰"的一梭子就射出来了,可能"促联"的人也有死伤吧,不太清楚。"促联"的这些人火了,一通猛射。后来有人往操场方向跑了,他们就追,操场上的两具尸体,还有那一行血迹,就是这么来的。这一仗是"文革"以来厦门岛武斗最惨烈的一次,但也是最后一次。

业 大

1969年9月,我就到龙岩武平上山下乡去了,在乡下干了近四年。1972年12月,我的户口就回厦门了,但人实际上是1973年1月才回到厦门。因为我当时当着生产队的保管,后期还有一些事情,拖了一个月才回来,刚好回来过春节。

20世纪70年代末,我因故错过了刚刚恢复的高考。七八十年代之交,正规高校和成人教育"忽如一夜春风来",纷纷向"老三届"敞开了大门,给了我一次"补课"的机会。1979年,厦门工人业余大学开始招生,有个文学朋友邀我一起去报名,但刚好那一年我女儿出生,很忙,去不了。第二年业大再次招生时,我立即报了名。当时进去比较容易,只要考一篇作文就可以了;但有个年龄限制,必须在35岁以下。平心而论,我当时不是奔文凭而去的,因为早已知道,这所学校的文凭并没有得到国家承认。我从事文化工作数年,常有"书到用时方恨少"的感慨，主要是想系统地深造一番。

业大由市总工会创办于1960年，是新中国成立后我市第一所成人高校。"文革"前，虽条件简陋，但成绩斐然，培养出一些优秀毕业生。业大于"文革"期间停办，改革开放第二年，市总工会毅然决定复办。但在我们上学的这段时间，业大实际上是一个空壳学校，没有校舍，没几个老师。最早的业大"文革"前其实是有校舍的，就是现在钟楼那边的先锋营1号，"文革"后被歌仔戏剧团占用，后来就要不回去了。1979年复办时就变成在文化宫了。直到1985年，业大才告别租房办学的历史，盖起了教学楼。但我们早一年就毕业了，没有享受到。我们上学那时候，没有固定的教室。一星期有好几节课，平日晚上都在五中上课，星期天白天（当时还没有双休日，只有星期天休息）在文化宫上课。当时学制是四年，科目跟正规学校差不多，哲学、历史、党史、文学概论、现代汉语、古代汉语、文学史、中国文学、外国文学、写作，一应俱全。任课教师多是从厦大请来的。厦大的林兴宅、郑学檬、卢善庆等名教授都教过我们的课程。

大约是二年级的时候，好消息不胫而走：国家教育部门将对业大进行考评，若通过验收，学校文凭将被认可。于是全校师生空前团结，努力应考。然而乐极生悲，时隔不久，便有噩耗传来：一位同学罹患绝症，不治去世。悲痛的气氛尚未从班上散去，第二位同学不幸猝死的消息又接踵而来。就在一个星期之前，我还和他一起参加本市一位著名书法家的追悼会。那天，他拎着相机，穿梭于人群中。我发现他鼻音很重，频频咳嗽，他说是感冒。谁知不过几天，他竟走了。有如多米诺骨牌效应，不久，第三位、第四位同学又相继离我们而去。不到两年时间，班上竟接连走了四位同学！学校紧张了。记得有一天，一位厦大的哲学老师忽然撇开课本，和我们大谈"极限""临界点"等一些哲学话题，中心意思是希望我们珍惜自己的生命，处理好"张"与"弛"的关系，不要绷得太紧，不要超负荷运转。

我们是在学校通过验收之前入学的，因此必须通过全省统考才能毕

业,正所谓"宽进严出"。紧张的学习,使大家精神高度集中,暂时忘了对死亡的恐惧;而且,有好长的一段时间似乎没有发现有人生病的迹象,我们都松了一口气。但是,悲剧并没有落幕。谁也没有想到,正当同学们欢天喜地开座谈会、拍毕业照,互道珍重依依惜别之际,第五位同学倒下了!说起来这真是一个苦命人。当时他已经四十来岁,在我们班算是年龄最大的。据说他是四川人,隐瞒家庭地主成分去当兵,查出后被清除。后来到了厦门铁厂,敲生铁,干最重的活。"文革"结束后,他的问题不算问题了,但由于超龄,本来不能录取,在他的一再要求下,业大破格录取了他。他家在文灶,当时到文化宫路不好走,也没有班车,他每次都是不辞辛苦,骑自行车到文化宫上课,非常勤奋。后来考完试,他就倒下了,听说是肺癌。他躺在医院病床上,念念不忘的是为之付出心血的那张大专文凭。但因为文凭得送省教委盖章,两个月后才能颁发。考虑到他根本没法挨到那时候,学校特地为他制作了一张非正式的文凭,端端正正地填上姓名,贴上相片,盖上学校公章,而后郑重其事地送到他的病榻前。几天后,他走了,揣着一纸文凭,到另一个世界报到去了!

我们这一代人真的是跟共和国同呼吸共命运,共和国的几个大事件我们都经历过,苦难也有,欢乐也有,真是也同欢乐也同愁。想想,真是感慨万端。

附注:

1. 老三届。是指"无产阶级文化大革命"爆发时,在校的1966届、1967届、1968届三届初、高中学生。当时在中学的初、高中学生因"文革"造成在学校的堆积,到1968年出现了古今中外绝无仅有的六届中学生同年毕业的奇景,造成了巨大的就业危机。因此老三届离校后基本都当了知青,并且将此前以农场(含兵团)模式为主的上山下乡改变为以插队模式为主。

2. "破四旧"。所谓"破四旧",指的是破除旧思想、旧文化、旧风俗、旧习惯。1966年6月1日,人民日报社论《横扫一切牛鬼蛇神》,提出"破除几千年来一切剥削阶级所造成的毒害人民的旧思想、旧文化、旧风俗、旧习惯"的口号。1966年8

月 1 日至 8 月 12 日召开的中共八届十一中全会,通过了《关于"文化大革命"的决定》(简称《十六条》),进一步肯定了"破四旧"的提法。但如何"破四旧",中央没有说明。

3. 串联。又称大串联,革命串联,是指"文化大革命"期间全国各地的学生到北京或各地互相之间交流革命经验的活动。从 1966 年 9 月 5 日起,全国大、中学校在全国范围内"大串联",到全国各地点燃"革命火种"。这种数以千万人计的乘车、吃饭、住宿都不要钱的"大串联",给铁路运输和国民经济带来极大的压力,造成秩序严重混乱。而且,这种串联活动使各地的"文革"和派系斗争更为激化,在社会上产生了极大的混乱。

古庙里的公益图书馆

口述人：杨羽翔
采访人：朱志凌
采访时间：2017年8月4日、11月28日
采访地点：威灵殿、文创协会、季庄

【口述人简介】

　　杨羽翔，1985年出生于厦门，初中毕业后赴美国求学，曾在IBM担任软件工程师。留学、工作十年后回到厦门，开始走街串巷，亲手绘制《老厦门街巷手绘地图》。之后创立了"寻找老厦门"文创品牌，组织街巷游，开设公益讲座，策划、执行过多场关于厦门历史、文化的展览，并打造了天一书殿、季庄等文创空间。其中，"厦门手绘地图"微信公众号共发布了300多篇关于老厦门历史、建筑、文化的原创专题文章。

【内容简介】

　　"80后"海归杨羽翔在国外学习十几年，于2011年回到了家乡——厦门。接受过国外的教育，见识了西方国家的文化，他更热爱自己的家乡了。回到家乡，他便做起了别人无法理解的工作——搜寻老厦门的旧物、遗迹，搜寻着这个海岛深深的文化根脉。他寻找老厦门的旧物，从生活用品到门牌号码；他寻找厦门的文化根脉，从照片到资料；他发起走寻老街巷的活动，甚至把它变成了街道很重要的一个旅游项目。在走寻老街巷的过程中，他发现了一个地方，一座很奇特的庙宇。于是，他想尽一切办法去考证这个庙宇的历史故事，并自付租金，把它租了下来，办成了一个公益图书馆。

杨羽翔在威灵殿接受采访（朱志凌/摄）

海外归来寻旧影

我 15 岁出国留学，自己一个人在国外学习、生活了十多年。离家的日子使我对家乡的情感更加浓烈。2011 年回国以后，自己一个人花了很多时间去走街串巷，感受厦门的变与不变，去找寻儿时记忆中的老厦门，也从变化当中去感受厦门这些年来的发展。

在走街串巷的过程中，我走到了很多原来没走过的地方，也搜寻到很多储存着时光记忆的老物件，从此爱上了老厦门，从而选择了自己的努力方向——为老厦门的历史做一些文创项目，用文创的手段把老厦门的时光保存下来。

2012 年，回家乡的第二年，我开始尝试用老厦门的元素做一些文创产品，当时厦门电视台也有过报道。2013 年，我的一系列老厦门的产品就出来了，包括用老路名牌做的迷你冰箱贴、钥匙扣等生活用品。2013 年、2014 年参加了文博会等文化产品的展览会，在文博会这个广阔的平台为老厦门的延伸产品做一些展示。当时我们的产品也参加过全省的文创产品评比。

2014年,中华街道想推出老市区的街巷游,促进老城区旅游业的发展。我就跟街道对接上了,大家共同策划,挖掘老城区中的一些有价值的东西。设计旅游线路,组织新老厦门人和游客一起走,一起感受老厦门的文化底蕴。

我们设计街巷游的旅游线路时,用几个有价值的点把整条路线串起来。当时设计的路线有三条:一条是思明西路天一楼巷;一条是中华城后面那一片,那里有陈化成故居、四仙石等;一条是小走马路那一片,那里有兰琴古厝、洪怀仁堂,还有通奉第巷24号,一幢中西合璧的建筑等。当时在中华街道设计的这三条街巷游线路,还是有很多历史内涵的。

在线路设计的时候,我和街道工作人员反复走这几条线路,以确认它的旅游价值。我在走街串巷时就注意到天一楼巷这个地方,觉得这里有点特别。在走到天一楼巷的时候,问大家天一楼在哪,都是指向不远处的庆让堂。那时候是先去看了庆让堂,然后拐过来就看到一个小庙,当时只是有个庙的形体在那里。庙是八卦的形状,每个层面都有门,每个门有都有联,但对联都被水泥糊住了,看不到对联的内容,墙上有很多随意的涂鸦。

既然要做街巷游,那就要对每个景点有所了解。在了解线路中的其他景点以后,唯一不了解的这个小八卦楼成了一个谜,让我对它更感兴趣了。

当时小庙被厦门市广告公司租来做仓库,旁边的几幢楼也是厦门市广告公司租下来的。我听周边的人说,"文革"以后,这边一直是做小作坊,虽然它只有三十多平方米,先后有修鞋底的,有做鞋垫的,有做锡箔的……各种各样的作坊在庙里作业。本来庙的南侧还搭出一间小屋,对外有独立的门,内部与庙相通。广告公司搬走后,街道收回这个小庙。不过大门依然紧闭,一直荒废着。

我问过街道工作人员,他们对这个庙的历史也不是很清楚。问周边的居民也不太清楚,因为周边的居民很多都是流动的。就是老人,有的也讲不清楚了,我们听起来也不是很准确。只知道"文革"时这座小庙被占用了,它的建筑还在,但里面的佛像被毁了,东西被搬走了,不知道弄到哪里去了。唯一能找到的,就是《厦门市地名录》里关于天一楼巷的名称来历中有提及这个庙,并提到两个神仙的名字,一个叫作圣王公,一个叫作太乙真人。街道便把这个建筑备注为"太乙真人庙"。当时我就觉得这点是一个可以做文章的地方。

修缮前的威灵殿

　　后面这些街道把这个地方开放租赁,我因为想探寻这个小庙的历史,就和朋友一起把这个地方租下来了。

　　租下这个地方后,街道协助我们先把外面搭盖的地方拆掉,并开始研究这个庙的历史根源。第一步先把门口对联上的字敲出来,恢复原来的字样。敲出来以后,才从正门的对联上看出,这里原来供奉的是一位叫"广泽尊王"的神灵。

　　于是我开始搜寻广泽尊王和这个庙的历史资料。资料记载,广泽尊王祖庙在泉州凤山寺,它的分灵遍布闽南各地、台湾以及东南亚。厦门供奉广泽尊王的庙宇在禾山那一带比较多,如寨上、洪水口、西头、五通、小东山、钟宅等都有;而天一楼这个庙,是老市区唯一主奉广泽尊王

的庙宇。

　　这座小庙外面这一圈上面原来也有对联，里面是阴刻，外面是阳刻，阴刻被糊住还可以挖出来，阳刻被毁了就没办法了。以前有一张照片，但是太模糊，看不出完整的内容。但是它也是一副藏头联，一边第一个字是天，另一边是一，"天一"就是从这里来的。最早有人说巷口的红砖大楼叫天一楼，其实它叫庆让堂。实际上天一楼这个地名在庆让堂还没建的时候就有了。天一楼巷的名称大概在清末开始出现，庆让堂则是在1931年才落成。更早以前有人说，那幢楼是天一信局什么的，其实那是两码事。根据对联的指向，很有可能早期的天一楼就是指的这座小庙。我们民间有"天一生水"的说法。广泽尊王几次显灵都与降雨有关，因此以天一楼来命名威灵殿也不是没有道理。当然不排除还有一种可能性，在庆让堂没建起来时，那里的建筑叫天一楼，不过并无照片或是地图可以证明。

　　这个小庙最显著的特点，就是它是建在一块大石头上面的。传说这块石头下面有一个蜈蚣穴，里面有个蜈蚣精，蜈蚣精以前会出来害人。最早这周围的百姓是南安来的居多，他们就到祖庙去请广泽尊王下来保护子民。果然广泽尊王就显灵了，突然就降了一幢八卦形状的建筑在这里，压在石头上面，镇住了蜈蚣精，令它不得出来为非作歹。后来广泽尊王又把蜈蚣精收编成他的一个部下，它再也不会回来欺负百姓了，从此这边就太平了。对于风水学来讲，一般是说有穴，庙就会兴。民间也有这种说法，龙穴、虎穴，等等。当时之所以会建一个庙在这上面，也是有这个考量的。人们对这里记忆最深的就是这块大石头，好几代人都在上面滑过滑梯。父母辈、祖辈就是在这里玩的。厦门人称之为"跙尻川石（即蹭屁股石之意）"。这块石头太多人玩了，以至于石头被磨得很光滑。以前石头更大，铺路以后把石头盖住了部分，变小了。因为这块石头，所以这里还有一个地名，叫山仔顶。

威灵殿前的大石头

威灵殿里的广泽尊王

前几年中华街道在推街巷游,天一楼巷这一条线就是从庆让堂开始,经过威灵殿,再到龟印记忆、乔治老别墅。沿巷的一些节点都要挖掘出来,当时我就在帮街道做这个。

刚开始做的时候,完全没有资料。后来我们从平时搜集来的旧照片和地图上找到了线索。这张照片是1938年日本入侵厦门后,日本人拍的。当时厦门已经沦陷,一个叫宫本延人的日本旅行摄影师从民主大厦(当时叫柏原旅社)的楼顶上往这个方向拍,恰巧就拍到这个殿。当时整个建筑很完整,从照片上看,建筑上的装饰比现在漂亮多了。以照片中的规模来看,这个庙起码已经有几十年的历史了。

圆圈里为1938年的威灵殿

我收藏有一份文献，是1906年出版的《最新厦门市镇歌》。书中开头是厦门整体的概括介绍，后来就开始讲到地名，哪里有什么路、什么标志、什么东西。原文很长，有七百多行，用歌谣的形式串起来，而且融入了相关商业、历史、人文的介绍。那首歌谣写得很好，要用厦门话念，才会押韵。其中有一段写道："篝巷有透山仔顶／八卦楼及圣王宫／圣王算来真正兴／各省人人有闻名。"意思就是说在山仔顶这个地方有一个宫庙，供奉圣王公，香火很旺盛，各省的人都知道。这可以证明这个庙于1906年之前就有了，而且供奉的是圣王公。这个圣王公就是广泽尊王的俗称。

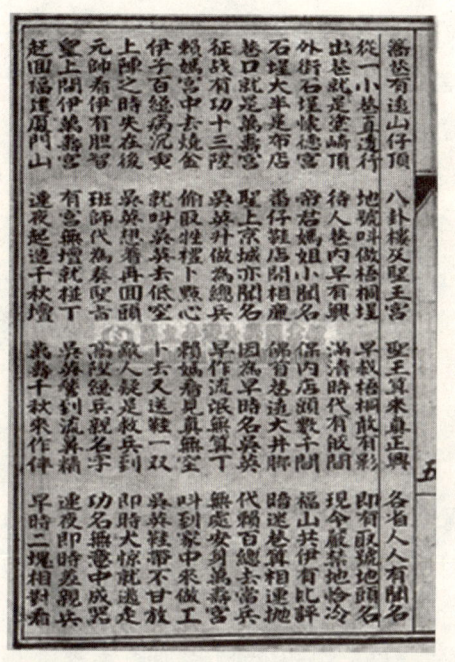

1906年《最新厦门市镇歌》对威灵殿（圣王公宫）的记载

我们又找到一张清同治年间的厦门地图，在山仔顶的位置画有一个八角形的建筑，应该就是这个庙。厦门的宫庙基本上也就是在明清时期比较兴旺，很多庙就是在这个时期建的。

清同治年间厦门地图上山仔顶上就有标示的小庙

另外，我们在龚洁老师汇编的《思明文史资料》第六辑中，找到一个1941年厦门宫庙的普查，当中记载"威灵殿，供广泽天王"，地点在山仔顶（天一楼）。

虽然现在还没办法推断威灵殿是哪一年建的，但是至少我们已经知道，在清末这个庙已经有了，至今起码有一百多年的历史。

在有了大的方向之后，我们就开始去挖掘这个庙的历史，挖掘广泽尊王的故事，发现他的故事非常有趣，也是很有教育意义的。

广泽尊王，俗姓郭，名忠福，为福建省的地方保护神，又称保安尊王、郭相公、郭圣公、圣王公，又因为他的金身造型是右脚盘腿，左脚垂下，所以民间又叫他"跷脚仔"，其圣称全称为"威镇·忠应·孚惠·威武·英烈·保安广泽尊王"。广泽尊王为福建四神之首，同为四神行列的还有我们熟知的保生大帝、天上圣母、清水祖师。

郭忠福于后唐，同光元年（923年）农历二月二十二日出生在泉州安溪（今金谷镇河美村）。七岁的时候，他父亲就过世了。为了筹钱埋葬父亲，他就和母亲一同受雇于当地的杨姓财主，他做长工，母亲在财主家中帮忙。因为年纪很小，他就负责放羊，当牧童。

杨财主为了帮家里的祖先找一块风水宝地，请了一个高深风水师堪舆找好的风水。找风水期间风水师就住在杨财主家中，由郭忠福伺候饮食起居。朝夕相处下来，聪颖贴心的忠福受到风水师的疼爱，风水师便在闲暇之余教导忠福读书写字。

杨财主虽然家里非常有钱，富甲一方，但是吝啬成性，没有善待风水师。有一次拿跌入粪坑淹死的羊来招待他，忠福因为不忍心自己的老师受到屈辱，于是就告诉风水师真相。知道财主如此对待自己，风水师非常生气，不但不将早就找到的风水宝地献给杨财主，反而把这块难得的风水宝地"羊棚蜈蚣穴"（还有一种说法是"黑蜂穴"），送给了善良忠厚又伺候他的忠福，忠福就将他父亲的遗骨葬到风水宝地。葬完之后，无数只黑色蜜蜂突然倾巢而出，将所有羊圈里的羊都叮死了，但也因为如此，忠福和他的母亲失去了在杨家工作的机会。

忠福离开杨家就依风水师的叮咛,"朝东一直走,直到有一个地方有'牛骑人,人戴铜,水变红,鲤鱼跳树闹葱葱'的情况,那个地方就是你们母子的栖身之处"。忠福母子相依为命,来到南安诗山,正逢狂风暴雨,见到一个牧童为了躲雨而躲到他所牵的牛的肚子下面,这就是"牛骑人";后来又看到和尚经过这里,因为下雨就把手上拿着的铜钵当成遮雨的器具戴在头上,这就是"人戴铜";因为山洪暴发,从山上流下来的水夹带着红土流到河面之中,河水就变成红色,这就是"水变红";在旁边钓鱼的人为了躲雨,情急之下把钓到的鲤鱼甩得太用力,以致甩到树上去,于是鱼就在树枝上面跳来跳去,这就是"鲤鱼跳树闹葱葱"。他们看到这个情景后就决定在这里定居下来,这里就是现在南安诗山公园郭圣王的故居"龙山宫"。

郭忠福与母亲在凤山山下过着贫苦的日子,他以砍柴为生,来使母亲饱食以尽孝道。在十六岁的时候,有一次他与同伴到山上砍柴,休息之时,就在一株古藤上盘坐,忽然心有所感,就马上叫同伴请他的母亲前来,而且请他的母亲带书和瓢来,说他要成仙。同伴急忙去对郭忠福母亲说:"忠福坐在凤山古藤上不会动,请你赶快牵猪和牛去。"忠福的母亲赶到山上,看到忠福满脸通红,闭目微笑坐在古藤上,慌忙伸手去拉下一只脚,郭忠福便睁开双眼,但已得道成仙。因为有这段传说,所以民间祀奉广泽尊王的神像,就以右脚盘坐、左脚踏狮、双眼如珠的形象来雕刻,又因同伴将拿"书"和"瓢",误听为"猪"和"牛",由此广泽尊王才从素佛变成荤佛。郭忠福成佛之后,当地人民建了一座郭山庙来奉祀,就是现在的南安诗山凤山寺。

供奉广泽尊王的有两个大的祖庙,一个在安溪金谷,叫威镇庙,就是他出生的地方;另一个在南安诗山,叫凤山寺,是他得道成仙的地方。香火很旺盛,分灵不仅在闽南有很多,还传到了马来西亚、新加坡、印尼等国家和台湾等地。

对于广泽尊王庙来说,一年当中农历二月二十二日,跟农历八月二十二日最为热闹。二月二十二日是他做人时的生日,人诞。八月二十

二日是他成仙的日子,圣诞。这两个时候,信徒都会来祭拜,一些大庙也会请道士做醮或者请戏班唱戏。

由于是荤神,他是有夫人的。夫人叫妙应仙妃,是广泽尊王成仙后玉皇大帝赐给他的。有些庙里会把尊王跟夫人放在一起拜。妙应仙妃的生日和她跟广泽尊王结缘的日子,也有人拜。他们有十三个孩子,叫十三太保。在南安和安溪两个祖庙之间,每隔几里就有一个庙,两个祖庙之间共有十三个庙。相传,这是他的十三个儿子的化身,每个儿子管一个庙。

说回威灵殿本身,它最大的价值除了它是老市区少有的奉祀广泽尊王的庙宇,还有就是它的建筑本身还是原来的。清末时建的庙,厦门现在还保留着的没有多少了。

记录着广泽尊王功绩的对联(朱志凌/摄)

庙的几个门的石头都是原来的,上面的字"文革"时期被水泥糊住了,前些年修缮时才把对联的字抠出来。北侧是"居坎来乾神真广泽""反风灭火众仰尊王",横批"声灵赫濯"。上下联最后二字合在一起正好是"广泽尊王",表明这座庙宇所供奉的神明;西北侧是"著迹南安骈幪赤子""司权北极霖雨苍生",横批"乾坤化育",讲的是广泽尊王在泉州府南安县得道成神,因司权北极,所以庙宇为坐南面北的方位;东北侧是"秀毓凤山溯源在近""灵分鹭屿怀德为邻",横批"日月光华",说明其祖庙是南安诗山镇凤山寺,此处为其分灵。庙宇朝北的墙上绘有讲述古代民间传说的壁画。庙里面的吊顶原来还是一八卦阵的图案,可是后来由于年久失修在改造时拆除。

早期天花板上的八卦图(杨羽翔/提供)

周边的老人告诉我,庙的对面原本有一个简易戏台,每逢节日,就会有戏班在此唱戏。不过后来宫庙关闭,戏台也荒废了。原来搭戏台的那块地现在也盖起了房子,变成居民的住家了。

威灵殿是厦门市为数不多的原始庙宇建筑。它整个的形态和地理的所在都是原来的。它虽然小,但有自己的特色。现在有一个比较混淆的就是,殿大门正中的牌匾上面是写"威震殿",这是不对的。我们查了史书,上面记载的都是"威灵殿"。包括在五通西头也有一个威灵

殿,也是供奉广泽尊王的。

至于为什么会误刻成"威震殿"？可能是因为"灵"的繁体字(靈)跟"震",上面都是一个"雨"字,工人描错了。也或许是因为当时街道问街坊的时候,街坊说的是安溪祖庙威镇庙,但威镇庙是"镇"字,不是"震"。未来,我们也准备将"威震殿"正名,恢复"威灵殿"的名字,以尊重历史。

重修后搞错了的殿名(朱志凌/摄)

威灵殿的牌匾会刻错也是因为通常民间的称呼与官方的命名是不一样的。威灵殿是这个建筑的官方名称,但以前很多老百姓不认识字,也不知道庙宇上面写的是什么字,一般称呼庙宇都是使用俗名。威灵殿的俗名是"圣王公(宫)"。广泽尊王姓郭,很多人叫他郭圣王,也叫他圣王公。鼓浪屿不是有个兴贤宫吗？民间一般俗称叫大宫,它是鼓浪屿最大的保生大帝的庙。兴贤宫是正规的名字,而老百姓口口相传的就是大宫。"宫"在厦门市区比较常用,在海沧一带则多用"庵"。在海沧说的大庵,一般就是指村子里的大庙。

在我们入住威灵殿的时候,里面已经是全空的了。为了延续广泽尊王的信仰，让更多的人知道这个地方的历史文化，我们决定重塑一尊他的神像，请回殿中。广泽尊王的神像有几个特点。因为他是年少成仙，所以他的脸上是没有胡子的，而且他大眼、阔嘴、面红。当他升天那刻，原本是盘着腿。他母亲见了，舍不得他走，便拉住他的其中一条腿，所以他神像的形象永远是跷脚的。

每个神灵塑像都有严格的特征要求，都要严格按照神灵的形象标准来塑造。2014年，我们请了台湾熟悉广泽尊王的师傅，重塑了一尊广泽尊王的金身神像，并做了一些仪式，又把他请回了殿里面。

这几年通过我们的宣传、推动，以及跟兄弟庙宇做一些联谊，不仅仅是厦门人，很多外地的朋友也知道中山路这里有一个广泽尊王庙了。像台湾的信徒有来过这里，新加坡、马来西亚的也来过这里。很多海外信徒要回泉州祖庙祭拜的时候，都会在厦门停留。我们前不久接待的来自新加坡的香客，在厦门停留时，专门找到这里，组团过来参拜。

前来威灵殿参观交流的新加坡凤山寺广泽尊王信徒

现在庙里基本上是周边的街坊会来拜拜,或者有路过的人会来上一炷香。因为我们主要还是为了把历史传承下去,所以在宗教信仰这块,我们不求利,也不着急。指不定哪天有缘人出现,他会做得比我们更好。

现在的广泽尊王神像(朱志凌/摄)

威灵殿今貌(杨羽翔/提供)

天一书殿做公益

广泽尊王的神话故事非常丰富，我们认为这也是一个很好的地方文化，想把它恢复起来。街道在做了整个街巷游的硬件改造以后，就想引几个文创空间进去，我们就是以文创企业的身份进驻威灵殿的。

民间信仰的流传一定有它的道理，而且跟文化是没法分开的。因为进驻了这里，所以我一直在研究广泽尊王，一直在找一些线索。除了还这个历史悠久的小庙原始面貌和功能外，我们还想赋予它一个新的功能，那就是把它变成一个文化活动的场所。

我们既然是以文创进驻，所以就想做一个文创书屋，并把它叫作"天一书殿"。

这里周边有很多小朋友，附近有一家小学，民立小学；两个幼儿园，一个是民立幼儿园，一个是南乔幼儿园。平时小朋友很多，他们会在这大石头上面滑滑梯。而周边老厦门的居民比较多，很多人喜欢在这里乘凉，聊天。如果这里面有一个书屋，让小朋友看看书，大人也能看看关于老厦门的一些文史资料，是挺好的一件事情，于是我们就做了。

天一书殿里的书架（朱志凌/摄）

我们在殿里做了一面照片墙，上面挂着我们收集到的老厦门的照片。我们还做了一些书架，上面放了很多图书。这些图书，有的是我们自己提供的，有的是社会捐赠的，包括翔安一中老校长蔡鹤影先生的捐赠、厦门收藏家陈亚元先生的捐赠、方志办捐赠等等。

翔安一中老校长蔡鹤影先生的捐赠

一开始我们是几个人轮流值班，后来发现没办法保证时间；而且当时我们只有四个人，每人一周大约两天，那也很够呛。门关起来也不是，开着又没办法天天有人值班。后来我们请了个管理员，他负责白天开门，晚上关门，然后打扫一下卫生。平时殿里都是开放性的，大家可以自由进出。试行一年多以来，感觉还不错，我们就想帮大家培养一个好的习惯。这段时间，通过这种相信老百姓的开放式做法，书殿的秩序还是很好的，没有出现过有人在里面睡觉、打牌、喧闹等情况。从这个角度看，还是成功的。

至于书有没有丢失，我们没有详细统计，但少数丢也许会有，不过大部分都在。我们也有设一个提示，希望大家遵守规则，书不要带走，在里面安静地看书。

我们会不定期在这里办讲座、沙龙、讲古等等。请杨敏谋老师，在里面讲答嘴鼓,模仿"市声",就是菜市场买卖的声音;请郭坤聪老先生为大家讲讲老厦门,让大家找到感觉。在夏天的晚上,大家坐在石头上,听老人讲古,摇着扇子,这是我们努力营造、恢复的一种氛围。

杨敏谋老师在天一书殿表演模仿"市声"

在天一书殿举办的讲座活动

平时,这里也是我们搜集老厦门故事的场所。我们跟老人们在殿里泡茶、聊天,以录音的形式将他们的口述历史记录下来,有的配上了相关图片,做成了"老厦门有声书"的视频,发布在厦门手绘地图的微

信公众平台上。

另外,这里也是我们举办街巷游活动的一个据点。如果是走中山路这个区块的,这里就是大家停留歇脚、互动探讨的一个基地。其他团体办的一些街巷游,也都把这个开放书屋纳入项目里面,这样影响就出去了。说到底,就是我们把这个地方做成公益性的、开放式的空间,用这个点,把文化给发扬起来了。

厦门市中学生闽南文化夏令营参观威灵殿合影(杨羽翔/提供)

这个地方我们做得还是比较纯粹一点,费用都是我们在承担。广泽尊王是造福百姓的,那我们也做个公益,为百姓做一点事。

利用民间信仰的地点来做一些文化的事情,也是很有特色的。以后怎么发展,要看缘分,看有没有有缘人来一起把它做好。现在我们靠自己的努力,把它传承延续下去。不然很多人还不知道这个庙、这些故事,以前就只知道供菩萨,但都不知道菩萨是谁。严格意义上来讲,那个也不叫菩萨,菩萨是佛教的神明,这个完全不是佛教的神明。我们的研究还在不断继续,哪天可能再收到跟这个有关的老照片啊,以前的记载啊,地图啊,等等,小庙的历史就会更加明朗。这样很多故事就可以继续讲下去了。